古玉珍賞

陶忠明 主编

上海古籍出版社

古玉珍赏编委会

主　编：陶忠明　上海古玩鉴赏收藏家

特邀编审：徐国喜　上海资深古玩鉴定专家

封面题字：孙　敏　中国书法家协会发展委员会委员
上海市书法家协会主席团委员
嘉定区书法家协会主席

编委（按姓氏笔画排列）：
王　伟　王　佳　王　威　王建翔　今　波
甘建樑　吴少华　吴　晓　沈　勇　李　铭
李　峰　杨振斌　张　潮　赵胜土　钱　力
徐文强　徐柏林　梁志伟　燕小明

鸣谢单位：上海市收藏协会
上海市嘉定区收藏协会
上海中福古玩城

序

比德于玉识美石

吴少华

中国传统的玉文化，是华夏民族最伟大的标识之一。由玉文化塑造出的精神元素，成为了我们炎黄子孙核心价值观的组成部份。值此《古玉珍赏》一书出版，这便是我由衷发出的感想。

当我们的先民从混沌的世界走出，踏上了文明的曙光时，为了征服前进路上的种种艰难险恶，他们需要寻求一种精神的力量，需要在天地与人之间寻找一种制衡。于是，他们发现了一种美石，即玉也。充满睿智的先民，从原始的图腾走向了现实，走向了对美好社会的追求，他们用理想的画笔，为社会秩序的优化，将美石彻底人格化了。《礼记·聘义》中记载了孔子的这样一段话："昔者君子比德于玉焉。温润而泽，仁也。缜密以栗，知也。廉而不刿，义也。垂之如坠，礼也。叩之，其声清越以长，其终诎然，乐也。瑕不掩瑜，瑜不掩瑕，忠也。孚尹旁达，信也。气如白虹，天也。精神见于山川，地也。圭璋特达，德也。天下莫不贵者，道也。"这便是比德于玉的来历，孔子对此作了十一个方面概括：仁、知、义、礼、乐、忠、信、天、地、德、道。这种已超越物质世界的认识，导致了"君子无故，玉不去身"的文化内涵。

在"比德于玉"的理念驱使下，"美石"成为我国历代珍藏欣赏的美器与重器，成为美好与理想的象征，更造就了一代又一代如醉似痴的玉器收藏家。随着社会的迅速发展，追崇美玉的群体早已从"君子"演化成寻常之人。在今天，收藏古代美玉，再也不是权贵、富贾、文人骚客们的专利，早已有飞入寻常百姓家之势。此部以反映海上民间藏玉风采的图书，是上海市收藏协会、嘉定区收藏协会与中福古玩城联袂筹办的，由陶忠明先生等收藏家提供藏品，收录180余件，上自良渚，下至两汉，形态各异，精彩纷呈。书出版后，还要举办展览，以让更多的爱好者欣赏到这些古玉的芳容，重温古人先祖们"比德于玉"的遗训。这些藏家是一批忠诚的传统中国玉文化的守护者，克己追求，矢志不渝，为弘扬中华民族文化作出了各自的贡献，可钦可佩。

是为记。

书于大言斋庚寅谷雨前

* 吴少华：上海市收藏协会会长。

序

徐国喜

中国先民使用玉器的历史可上溯到八千年前，中国是世界上用玉最早的国家，素有玉石之国的美誉。玉在古代社会内涵丰富，曾广泛使用于祭祀、朝聘、宴享、辟邪、敛葬、装饰和婚嫁等领域。

玉对社会的政治、经济、文化、宗教、伦理、生活等影响极深，是中国古代等级制度、权势、威严的体现，是文明的象征、标志之一。综上所述，古玉受到广大爱好者的青睐，从而出现了收藏和研究的热潮，丰富了对古玉器知识的深入了解，极大地开阔了人们的眼界。陶忠明等先生收藏的古玉器，无论在品种、数量、纹饰、沁色等方面，都是极为罕见的，有的在海外藏家手中也很难见到。

为了让更多的古玉爱好者、收藏家了解古玉器韵味及历史文化价值，在上海市收藏协会、上海市嘉定区收藏协会、上海中福古玩城有关领导、专家热情关怀和支持下，玉器收藏家陶忠明等决定将这些古玉器编辑成册奉献给世人，并在适当的时间和地点展出这批古代玉器，为广大的古玉收藏家、爱好者提供学习、交流、研究的机会和平台。

本书共收录藏品180余组件，主要以良渚文化及商、周、春秋、战国、秦、汉等时期玉器为主，数量之多、品种之齐、纹饰之精、沁色之美，让人刮目相看。通过本书的出版和藏品的展出，更多的古玉爱好者将大饱眼福，进一步了解当时玉器的品种、用途、造型、画意的含意、沁色的由来，从而对识别赝品及近代仿品提供帮助，让淘古玉者不花冤枉钱买赝品，正确引导人们走向收藏渠道。

＊徐国喜：上海资深古玩鉴定专家。

序

展现古玉器历史　弘扬古文化魅力

张　潮

中华民族一向以爱玉、尊玉而著称于世，崇高的玉文化绵延几千年不绝。近年来，随着国家经济的快速发展，人们对各种精神文化的需求也日益增强，尤其是对博大精深的古玉器文化表现出浓厚兴趣。古玉文化作为民族瑰宝，正在被不断地弘扬普及。玉之所以会被人们所喜爱，因为它在人们的心目中蕴涵着丰富的历史、文化、道德观念等方面的内涵，能多角度地展现中国传统文化的无限魅力。

这次推出的“古玉珍赏”收藏展，是由上海市收藏协会和上海中福古玩城共同举办的，也是我们上海市嘉定区收藏协会成立以来首次推出的古玉器专题收藏展。此次展品主要由本协会古玩鉴赏收藏家陶忠明先生等古玉藏家提供。陶忠明先生长期从事古玉器的收藏和研究，具有很高的鉴赏水准。这次展出的180余件古玉器，主要以长江下游一带的良渚文化玉器和代表楚文化时代特征的玉璧、玉璜、玉佩饰及玉圆雕摆件为主体的藏品。通过这次展览，一方面给予广大古玉收藏爱好者一次学习观赏和沟通交流的机会，使他们更深切地了解古玉器的历史，热爱艺术，识珍藏宝，薪火相传。另一方面，也将借助古玉鉴赏专家的慧眼，从容接受他们对所展览的古玉器展品的评判，为我们指点迷津。我们希望通过这次展览，引导全社会将古玉收藏作为一种社会时尚，以追求精神享受，提升文化艺术品位为目标。同时，也希望藏宝于民，弘扬普及玉文化，提高收藏爱好者对古玉的收藏、研究和鉴赏水平。

通过这次“古玉珍赏”的展览，将进一步推动上海市嘉定区乃至全上海民间古玉器的收藏水准。在盛世收藏、全民赏玉爱玉的今天，把古玉器的文化内涵完美地展现给大家，使人们从中能够深切地感受中国传统玉文化的无限魅力。

＊张潮：上海市嘉定区收藏协会会长。

序

古玉君子

今　波

“君子比德于玉”。玉，千百年来一直成为文人雅士洁身自好的追求。孔子在《礼记》中品玉有十一德，《管子》谓九德、《荀子》谓七德。汉代许慎更是将先秦对玉的自然属性加以完善，提出了玉之五德：“润泽以温，仁之方也；䚡理自外，可以知中，义之方也；其声舒扬，尃以远闻，智之方也；不挠而折，勇之方也；锐廉而不忮，洁之方也。”古人所言不仅概括了玉德质、色、声、雕诸多内涵，更是将其与人的品质联系结合起来，赋予其美与德，将其人性化。

玉在中国人心目中，不是一般的器物，也不是寻常人等可以赏玩和佩戴的。富人有钱，也往往喜欢把钱戴在身上。金项链、金戒指，常常是暴发户的符号；即便升级成白金的、钻石的，也脱不了铜钱的俗气。但一个并不高调的人，饰一块并不起眼的玉，你就立刻能感受到他内在的贵气。要知道，富和贵是两码事，这是算命的瞎子都知道的道理，而玉永远是属于贵人、君子的。若富人不信这个邪，偏要摆在自己身上，那可想而知是怎样的不伦不类。

君子藏玉佩玉并非为显富和摆阔，而是以玉的品德来立身、守德、规行，是用来约束个人行为和遵守道德规范的一种警示之物。玉是有形的智慧结晶和无形的精神领域，象征一种高尚的道德情操，可洗涤人心、净化人性。

初见玉器收藏家陶忠明先生，是在上海中福古玩城，匆匆一面，但印象深刻。他是一个外表看上去并不惹眼的人，性格豪放爽朗，音容笑貌较为硬朗，似乎不拘小节，但握手之际却能感受到一种温热和力度。想来，低调、硬朗、温润，这是否正是古玉给人的初印象？后来了解多了，便发现这种判断是对的——陶先生一生刚毅，正直不阿，敢言敢为，无论在收藏研究还是在平日工作中皆是如此，正是体现了古玉外表平和，内在细美，“宁为玉碎，不为瓦全”的君子精神。恐怕，这与他对古玉的喜爱与痴迷不无关系。

对比许慎所评古玉之五德：仁、义、智、勇、洁，陶先生正是以五德待人接物的。对待群众温润而泽，是谓仁；对待职务廉而刚正，是谓义；对待家庭垂之如坠，是谓礼；对待工作缜密坚实，是谓智；对待朋友心地透明，是谓信。处处以古玉之五德律己待人，颇显君子之风。

人与玉的和谐，要有一种平和淡定的心态，也要能耐得住寂寞。而收藏研究古玉需要长时间的耐心盘磨，成为君子更需要长时间的性情盘磨。陶先生正是以平和的心境盘磨着古玉，盘磨着人生，使其更加温润而充满了光泽！

值此陶先生新作《古玉珍赏》成稿之际，也为感谢陶先生数年来对海上收藏界的关心与支持，特作此文以表祝贺！但愿玉石收藏能更加深入人心！

2010年4月15日孤灯夜书于上海达堂

＊今波：SMG纪实频道《文化中国》、《收藏》栏目著名主持人。

古玉珍赏

目录

序（吴少华）………………………………………… 1
序（徐国喜）………………………………………… 2
序（张　潮）………………………………………… 3
序（今　波）………………………………………… 4

1．矮方玉琮………………………………………… 1
2．矮方玉琮………………………………………… 2
3．神面纹玉琮……………………………………… 3
4．神面纹玉琮……………………………………… 4
5．神面纹玉琮……………………………………… 5
6．三角柱玉琮……………………………………… 6
7．神人纹玉璧……………………………………… 7
8．神人纹玉璧……………………………………… 8
9．神人纹玉钺……………………………………… 10
10．玉镂雕饕餮纹令佩(一对) ……………………… 11
11．玉圆雕犀觥……………………………………… 12
12．乳钉纹玉璧……………………………………… 13
13．玉镂雕双龙出廓璧……………………………… 14
14．玉镂雕出廓璧…………………………………… 15
15．玉镂雕出廓璧…………………………………… 16
16．乳钉纹玉璧(一对) …………………………… 17
17．玉镂雕出廓璧(一对) ………………………… 18
18．镂雕双龙首玉佩………………………………… 20
19．镂雕龙形玉佩…………………………………… 21
20．镂雕龙凤玉佩…………………………………… 22
21．镂雕龙凤玉佩…………………………………… 23
22．镂雕龙形玉佩…………………………………… 24
23．镂雕龙凤玉佩…………………………………… 25
24．镂雕双龙玉佩…………………………………… 26
25．镂雕龙凤玉佩(一对) ………………………… 27
26．镂雕龙凤玉佩(一对) ………………………… 28
27．镂雕龙形玉佩(组佩三件套) ………………… 29

28．镂雕勾连谷纹玉璜 …… 30
29．镂雕双龙共体复合形玉璜 …… 31
30．玉镂雕双龙首出廓璜 …… 32
31．镂雕双龙共体玉璜 …… 33
32．玉镂雕双龙首复合形出廓璜(一对) …… 34
33．玉镂雕出廓璜(一对) …… 35
34．玉镂雕龙形觿（组件二件） …… 36
35．圆雕龙纹玉杯 …… 37
36．玉圆雕龙纹壶 …… 38
37．玉圆雕双龙耳三足壶 …… 39
38．玉圆雕双螭耳壶 …… 40
39．玉圆雕龙凤纹盖壶 …… 41
40．玉圆雕人面纹瓶 …… 42
41．玉圆雕双凤活环四足尊 …… 43
42．玉圆雕双龙耳活环盖壶 …… 44
43．玉圆雕龙凤刀 …… 45
44．镂雕龙凤纹玉戈(一对) …… 46
45．圆雕玉辟邪 …… 48
46．圆雕玉辟邪 …… 49
47．高浮雕龙凤纹玉璧 …… 50
48．饕餮纹玉璧 …… 52
49．饕餮纹玉璧 …… 53
50．镂雕圆玉璧 …… 54
51．镂雕双区玉璧 …… 55
52．双区玉璧 …… 56
53．镂雕双区玉璧 …… 57
54．玉高浮雕圭璧 …… 58
55．玉高浮雕圭璧 …… 60
56．玉镂雕饕餮纹圭璧 …… 62
57．玉镂雕四螭凤衔璧龙首出廓璧 …… 63
58．玉高浮雕龙凤纹出廓璧 …… 64
59．玉镂雕出廓璧 …… 66
60．玉镂雕双龙出廓璧 …… 67
61．玉镂雕出廓龙首璧 …… 68
62．玉镂雕双龙出廓璧 …… 69
63．玉镂雕出廓璧 …… 70
64．玉镂雕双龙出廓璧 …… 71
65．玉镂雕双龙出廓璧 …… 72
66．玉镂雕出廓璧 …… 73
67．玉镂雕出廓璧 …… 74
68．玉镂雕兽面纹双联璧 …… 75
69．高浮雕双龙首璜、螭龙纹璧(璜璧合一) …… 76

70. 玉镂雕双龙出廓璧(一对) …………………………………………………… 78
71. 玉镂雕出廓“宜子孙”铭文璧(一对) ……………………………………… 80
72. 玉镂雕龙凤出廓璧(组佩三件) …………………………………………… 82
73. 玉镂雕龙凤纹瑗……………………………………………………………… 83
74. 玉镂雕龙凤瑗………………………………………………………………… 84
75. 玉镂雕龙凤瑗………………………………………………………………… 85
76. 玉镂雕出廓双凤瑗…………………………………………………………… 86
77. 玉镂雕螭龙四拼璜组合瑗…………………………………………………… 87
78. 玉镂雕龙凤瑗(一对) ……………………………………………………… 88
79. 镂雕双龙首玉玦(一对) …………………………………………………… 90
80. 玉镂雕双龙共体出廓璜……………………………………………………… 91
81. 玉镂雕双龙共体出廓璜……………………………………………………… 92
82. 玉镂雕双龙共体出廓双凤璜………………………………………………… 93
83. 玉镂雕双龙首出廓璜………………………………………………………… 94
84. 玉镂雕双龙出廓璜…………………………………………………………… 95
85. 玉镂雕出廓璜………………………………………………………………… 96
86. 玉镂雕出廓二节复合形璜…………………………………………………… 97
87. 玉镂雕双龙首二节复合出廓璜……………………………………………… 98
88. 玉镂雕双龙首三节复合璜…………………………………………………… 99
89. 玉镂雕双龙共体出廓璜(一对) …………………………………………… 100
90. 玉镂雕双龙共体出廓璜(一对) …………………………………………… 101
91. 玉镂雕出廓龙凤纹璜(一对) ……………………………………………… 102
92. 玉镂雕双龙共体出廓璜(一对) …………………………………………… 103
93. 玉镂雕双龙共体出廓璜(一对) …………………………………………… 104
94. 玉镂雕双龙首出廓璜(一对) ……………………………………………… 105
95. 玉镂雕龙凤纹佩……………………………………………………………… 106
96. 玉镂雕双龙共体佩…………………………………………………………… 107
97. 玉镂雕龙凤佩………………………………………………………………… 108
98. 玉镂雕龙凤纹佩……………………………………………………………… 109
99. 玉镂雕龙首佩………………………………………………………………… 110
100. 镂雕龙玉佩………………………………………………………………… 111
101. 镂雕龙凤玉佩……………………………………………………………… 112
102. 镂雕龙形玉佩……………………………………………………………… 113
103. 玉镂雕龙凤佩……………………………………………………………… 114
104. 玉镂雕双龙鸡心佩………………………………………………………… 115
105. 玉镂雕虎形佩(一对) …………………………………………………… 116
106. 镂雕龙凤玉佩……………………………………………………………… 117
107. 镂雕龙首玉佩……………………………………………………………… 118
108. 玉镂雕鸡心佩……………………………………………………………… 119
109. 玉镂雕龙形佩……………………………………………………………… 120
110. 玉镂雕龙形佩……………………………………………………………… 121

111.玉高浮雕舞人佩…… 122
112.玉高浮雕舞人佩…… 124
113.玉高浮雕舞人佩…… 126
114.玉高浮雕舞人佩…… 128
115.镂雕龙形玉佩…… 130
116.玉圆雕龙形佩…… 131
117.玉镂雕双龙共体佩(一对)…… 132
118.玉镂雕双龙共体佩(一对)…… 134
119.玉镂雕龙凤纹佩(一对)…… 136
120.玉镂雕龙凤佩(一对)…… 137
121.玉镂雕龙凤佩(一对)…… 138
122.玉镂雕璜璧合一佩(一对)…… 139
123.玉镂雕龙形佩(组佩二件)…… 140
124.玉镂雕龙形舞人佩(组佩二件)…… 141
125.玉镂雕龙形佩(组佩二件)…… 142
126.玉镂雕龙形佩(组佩三件)…… 143
127.玉高浮雕人物佩(组佩三件)…… 144
128.玉高浮雕舞人佩(组佩三件)…… 145
129.玉镂雕凤纹牌饰…… 146
130.玉镂雕凤纹牌饰…… 147
131.玉镂雕凤纹牌饰…… 148
132.镂雕龙凤纹玉兽面…… 149
133.镂雕龙形柄玉梳(一对)…… 150
134.玉镂雕饕餮纹发冠(一对)…… 151
135.圆雕龙形玉带钩…… 152
136.玉圆雕兽面纹双螭耳盖瓶…… 153
137.玉圆雕龙凤纹盖瓶…… 154
138.玉圆雕龙纹盖瓶…… 155
139.玉圆雕龙凤纹盖瓶…… 156
140.玉圆雕龙凤纹盖瓶…… 157
141.玉圆雕兽面纹活环盖瓶…… 158
142.玉圆雕兽面纹双耳活环盖瓶…… 159
143.玉圆雕双螭耳盖瓶…… 160
144.玉圆雕兽面纹盖瓶…… 161
145.玉圆雕龙凤纹双耳盖瓶…… 162
146.玉圆雕双联盖瓶…… 163
147.玉圆雕龙首双联瓶…… 164
148.玉圆雕龙凤纹盖瓶…… 165
149.圆雕玉龟负瓶…… 166
150.圆雕玉象负瓶…… 167
151.玉圆雕龙纹盖瓶（一对）…… 168

古玉珍賞

152. 玉圆雕莲盖龙纹双耳活环壶 169
153. 玉圆雕四足壶 170
154. 玉圆雕龙纹尊 171
155. 玉圆雕龙首尊 172
156. 圆雕玉猪形尊 173
157. 玉圆雕龙纹尊 174
158. 玉圆雕饕餮纹双螭耳活环尊 175
159. 玉圆雕兽面纹子母尊 176
160. 玉圆雕龙凤尊 177
161. 玉圆雕龙凤纹觥 178
162. 玉圆雕龙纹觥 179
163. 玉圆雕兽面纹觥 180
164. 玉圆雕双螭耳活环罍 181
165. 玉圆雕龙凤纹方豆 182
166. 玉圆雕双耳三足炉 183
167. 玉圆雕兽面纹四足鼎 184
168. 玉镂雕双龙首钺 185
169. 玉镂雕龙纹钺 186
170. 玉镂雕兽面纹钺 187
171. 玉镂雕三螭龙钺 188
172. 玉镂雕钺(组件二件) 189
173. 镂雕龙凤纹玉戈 190
174. 镂雕龙凤纹玉戈 191
175. 玉镂雕龙凤纹刀 192
176. 浮雕龙凤衔璧玉铺首 193
177. 圆雕玉辟邪 194
178. 圆雕玉辟邪 195
179. 圆雕兽面纹玉鼓 196
180. 圆雕玉跪人 197

后记 198

1. 矮方玉琮

良渚文化

13.7×5.8cm

青玉质。矮方柱体，内圆外方，孔壁光洁弧凸。此琮分上、下二节琢工，上节四转角琢刻简化神人纹。下节四转角琢兽面纹，每个弧面中间精琢神人纹，此琮琢磨精湛，有十分重要的考古研究、文物鉴赏和收藏价值。

2.矮方玉琮

良渚文化

13.8 × 13.7 × 4.5cm

青玉质。呈灰白色，带大块青斑。此琮呈扁矮方柱体，内圆外方，对钻圆孔，中间留台痕，转角琢四组简化神人纹。此琮玉质优良，琢工精湛，存世极其罕见。

3.神面纹玉琮

良渚文化

15.6×8.5×8.3cm

青黄玉质。呈棕黄色斑纹，留有大块黄斑。长方柱形，呈上大下小，内圆外方，孔大壁薄，圆孔系对钻而成，并留有对钻台痕，孔壁光洁。此琮分五节，其中四转角中有三节琢十二组简化神面纹，另二节八组精雕兽面纹。此琮琢工精湛。

4.神面纹玉琮

良渚文化

20×5.5×5.3cm

青玉质。整体呈上大下小长方柱形，两边有方圆角形口，中心有上下相通的对钻圆孔，孔壁光滑。此琮分七节，以四角为中轴，每节琢刻一组纹饰，全器由二十八组简化神面纹组成。琢工精美，具有很重要的考古研究、文物鉴赏和收藏价值。

5.神面纹玉琮

良渚文化

37.3×6.5×5.5cm

青玉质。此琮呈碧绿色间有褐斑，呈上大下小，中间为对钻圆孔，孔内可见对钻交接痕。此琮造型规整，细腻光泽。器身共十三节，以四角为中轴，每节琢刻一组纹饰，整器由五十二组简化神面纹组成。此琮为良渚文化玉琮中较长者之一，距良渚巨琮仅一步之差，为长琮之精品。具有十分重要的考古研究价值、文物鉴赏价值和收藏价值，特别珍贵。

6.三角柱玉琮

良渚文化

16×8.3×8.1cm

青玉质。此琮为外呈三角柱状，内圆，碧绿色间有青白斑纹。器表光洁，上大下小，三面平直，分五节，每节以三角为中轴刻出一组简化神人纹。内圆孔管钻而成，孔内钻痕明显，全器共琢神面纹六组。此琮琢工精湛。

7. 神人纹玉璧

良渚文化

26.8cm × 1.1cm

青玉质。此璧双面打磨精细，光滑亮丽，璧呈扁平圆形，璧中对钻圆孔，旋纹台痕明显。璧面琢浅浮雕神人纹，琢工精湛，工艺水准几乎达到了鬼斧神工般的超卓高度。此璧尺寸大，玉质优良，为玉璧之精品，具有十分重要的考古研究价值、文物鉴赏价值和收藏价值。

8.神人纹玉璧

良渚文化

20cm × 1cm

青玉质。此璧双面打磨精湛，光滑晶亮，璧呈扁平圆形，璧中有对钻圆孔，孔璧有旋纹台痕。璧正面琢浅浮雕神人纹，反面琢阴刻神人纹，此璧玉质较纯，又琢两面工，琢工精湛，存世极其罕见。

9. 神人纹玉钺

良渚文化

30×9.3×1cm

青玉质。色泽晶莹，质地较纯，光泽细腻，琢刻神人纹精妙绝伦。器为薄长方扁平梯形，两边斜直，刃部略宽。上端中间露出对钻圆孔钻痕，孔径为1.8厘米，可系绳与把柄缚扎，刃锋锐。此钺琢磨精细，极其珍贵。

10. 玉镂雕饕餮纹令佩（一对）

商至西周

20.3×7.3×0.5cm

青玉质。玉质温润，整体受土沁，沁色复杂，局部浸蚀后呈灰白色，玻璃光泽及包浆厚重。此令佩琢双勾阴线纹。边缘琢刻扇棱，琢工起到了双阴挤阳效果。此令佩必须具备二件合并一对时才能看到完整无缺的饕餮纹图案。此令佩在古代时当作为传令、传信之物。只有具重要身份、地位的高层权力者才能使用。因分体、交叉使用，历经千年，饱受沧桑，尚能完整合一，实乃天意。此令佩造型十分丰富，琢刻相当精美，沁色艳丽，存世相当罕见，具十分重要的考古研究和文物鉴赏及收藏价值，极其珍贵。

11. 玉圆雕犀觥

春秋战国

15×10×4cm

墨玉质。玉质温润，整体受石灰沁，浸蚀后呈灰白色皮。此觥整体为圆雕结构，上部为觥盖，琢圆形嘴，阴刻线上下唇，突眼、笠耳，耳孔系管钻；犀牛角尖锐前冲，神态凶猛，背部琢刻脊牙齿纹；周身阴刻龙纹；下部为颈胸部琢三道阴刻蛇腹段纹。四足腿部琢勾连云纹，尾部镂空雕，短尾后翘，四足柱形直立，前足正面向里内凹形成弧度。此觥琢工精湛。

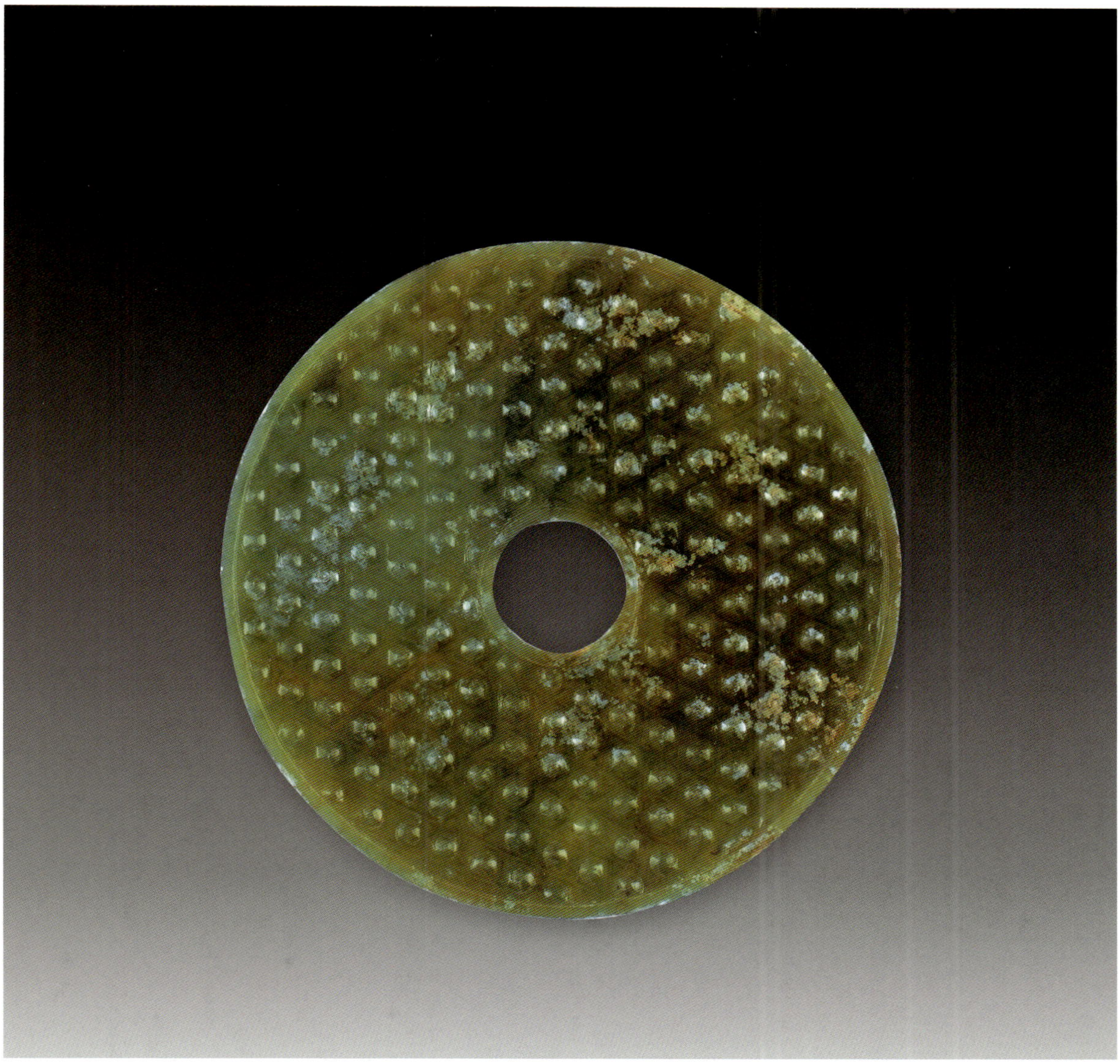

12.乳钉纹玉璧

战国

直径11.6cm 厚0.4cm

青玉质。玉质温润，局部受土沁，此璧整体琢浅浮雕乳钉纹，排列有序，抚之扎手。两边棱呈陡坡。琢工精美、古玉特征明显，为战国玉璧经典之作。

13. 玉镂雕双龙出廓璧

战国

16×9.2×0.5cm

青白玉质。整器受沁严重，沁色复杂，层次分明。此璧琢浅浮雕勾连谷纹，饱满圆润。出廓处两边各镂雕螭龙护璧，神态凶悍，此璧工艺精美，琢工精湛，为战国玉器中经典作品。

14. 玉镂雕出廓璧

战国

17.5×11×0.3cm

青玉质。玉质温润，整体受沁，由深渐浅，过渡有序，层次分明。此璜镂雕双龙首，似半月形制，周身阴刻雷纹，龙身拱曲部位琢浅浮雕乳钉纹璧，两边缘立棱陡坡。此璜形制特殊，琢工精美，为战国玉器佳品，具十分重要的考古研究和文物鉴赏及收藏价值。

15.玉镂雕出廓璧

战国

14.8×9.5×0.5cm

青玉质。玉质温润，整体受土沁，呈赭红色沁，经浸蚀后土蚀痕迹明显可见。此璧主体琢出芽谷纹，饱满规整，内外边棱陡坡，出廓处为镂雕四肢直立、张嘴昂首、挺胸腾跃、神态凶猛的螭龙。工艺完整，琢工精美。

16.乳钉纹玉璧（一对）

战国

10cm×0.5cm

青玉质。整体受土沁，局部呈红褐色沁，玉质温润，浸入玉理。此璧琢浅浮雕出芽谷纹，排列有序，饱满圆润，两边棱陡坡，地子平整，可见橘皮纹状。此璧为一对，存世不多。

17. 玉镂雕出廓璧（一对）

战国

16.2×11.5×0.4cm

青玉质。玉质温润，整体受沁，玻璃光泽及包浆厚实。此璧琢浅浮雕出芽谷纹，两边立棱呈陡坡。璧中央镂雕一游龙，张嘴露齿，生动有力，出廓处镂雕对称双凤鸟。此璧为一对，琢工精湛。

18. 镂雕双龙首玉佩

战国

20.5×11×0.4cm

黄玉质。玉质温润，整体受朱砂所沁，经浸蚀后表面呈灰白色，包浆厚重。此佩整体为镂雕双龙共体和变形如意纹，镂雕处琢阴刻兽面纹，龙身整体琢浅浮雕勾连谷纹。此佩琢工精美，存世可贵。

19. 镂雕龙形玉佩

战国

32×8×0.4cm

青白玉质。玉质温润，整体受朱砂沁色，局部沁色严重，层次分明，过渡有序。此佩镂雕龙首，周身琢浅浮雕出芽谷纹，布局工整，饱满有力，龙身下颏至龙尾部抱三联环，一大二小，阴刻卷云纹。富有战国玉器特征，造型奇特。

20. 镂雕龙凤玉佩

战国

31.5×6×0.5cm

青白玉质。玉质温润，整体受土沁，局部浸蚀处呈灰白色。S形造型，周身琢浅浮雕出芽谷纹，颗粒饱满，龙身中尾部镂雕凤鸟作秀，更使此佩精美无比、生动，有十分重要的考古研究、文物鉴赏和收藏价值。

21. 镂雕龙凤玉佩

战国

31.5×6×0.5cm

青白玉质。玉质温润，整体受红褐色沁，此佩琢浅浮雕出芽谷纹，粒粒饱满且排列有序，在龙佩尾部镂雕爬行式螭龙，显得此龙佩更精美绝伦。

22. 镂雕龙形玉佩

战国

21×5.5×0.4cm

青白玉质。玉质温润，整体受沁，局部见红褐色沁。此佩镂雕螭龙首，周身琢浅浮雕出芽谷纹，排列有序，颗粒饱满，尾卷，爪尖锐。此种玉器在战国玉器中存世极少。

23. 镂雕龙凤玉佩

战国

11×6.3×0.5cm

白玉质。玉质温润，局部受浸蚀后钙化，痕迹明显。整体为镂雕龙首凤尾呈扁平体状。龙唇上翘，滴水眼，龙首与一凤鸟首相爱相吻，凤尾上卷与龙下颏相连，龙周身琢阴刻雷纹，凤鸟一爪踏入龙嘴，另一爪踏在龙腰部，龙爪上翘内卷。整器琢工精湛，构思巧妙，存世少见，有十分重要的考古研究和文物鉴赏及收藏价值。

24.镂雕双龙玉佩

战国

15×13×0.4cm

青玉质。整体受沁，沁色复杂，相互渲染，局部已钙化，虫蛀痕迹明显，可见洞孔呈外小内大的虫蛀孔，具生坑特征。此佩以S形状镂雕双龙首，周身琢浅浮雕出芽谷纹，龙爪翻卷，中央琢小圆璧填白，显得此佩更精美绝伦。为战国玉器不可多得的精品，存世稀罕，极其珍贵。

25.镂雕龙凤玉佩（一对）

战国

16×10×0.4cm

青玉质。玉质温润，整体受土沁，局部沁色浸蚀，土蚀痕迹明显，沁色复杂，浸入玉理。此佩整体为长方形，长面两侧琢镂雕凤鸟纹装饰，宽面两端琢镂雕双龙纹饰，中央镂雕一游龙。显得此佩相当完美，佩身面琢浅浮雕对应兽面纹。此佩造型奇特，琢工复杂而精湛，存世对佩，相当罕见。

26.镂雕龙凤玉佩（一对）

战国

12.7×10×0.4cm

青玉质。玉质温润，整器受沁严重，局部呈现色泽艳丽的赭红色沁。深浅交错，过渡有序，生坑特征明显，古玉特征开门。此佩琢浅浮雕勾连谷纹，谷粒饱满，规整圆润。龙首颏下及龙背上镂雕凤鸟纹，显得此佩更优美完整。琢工精湛，此佩为一对，存世稀罕。

27. 镂雕龙形玉佩（组佩三件套）

战国

12×10.5×0.4cm 11.5×7.5×0.4cm 12×10.5×0.4cm

青玉质。玉质温润，整体受朱砂沁色，沁色由深渐浅，过渡有序，层次分明。此组佩整体琢浅浮雕勾连谷纹，两边立棱陡坡，璧内琢镂雕卷曲形螭龙，躯体矫健，出廓处镂雕爬行状螭龙。此组为三件套，工艺和琢工精湛，沁色艳丽，存世可贵。

28. 镂雕勾连谷纹玉璜

战国

30.5×5×0.5cm

青玉质。质地温润缜密，局部呈红赭沁色。其中一龙首处浸蚀后已钙化呈灰白色，此璜呈扁平体扇形，双龙共体口部镂雕而成，外缘有阴刻轮廓线，表面琢整齐勾连谷纹，两边立棱陡坡，符合战国玉器的特征。

29. 镂雕双龙共体复合形玉璜

战国

27×7.5×0.5cm

青玉质。玉质温润，如脂似蜡，整体受沁，局部红褐沁严重。此璜为双龙体上下复合。主体饰浅浮雕出芽谷纹，颗粒饱满，排列有序。琢镂雕双龙首，口露獠牙，滴水眼，龙鬃内卷，工艺精美。

30. 玉镂雕双龙首出廓璜

战国

23×4.6×0.4cm

青白玉质。整体玉质温润缜密，呈朱砂沁色，局部受沁厚重，层次分明，过渡有序。此璜镂雕双龙首，周身布满浅浮雕勾连谷纹，饱满有力，出廓处镂雕双凤鸟，形态生动，工艺精湛，造型特别。

31. 镂雕双龙共体玉璜

战国

28.8×6×0.5cm

青玉质。玉质温润，整体受土沁，局部呈红褐色沁，过渡有序，层次分明。此璜琢镂雕双龙首，皆琢一獠牙，阴刻回字眼，两头出梢，嘴翕而露齿。周身琢勾连谷纹，饱满圆润，两边立棱陡坡。此璜琢工精湛，造型生动传神。

32. 玉镂雕双龙首复合形出廓璜（一对）

战国

24×10×0.4cm

黄玉质。整体受沁，浸蚀后局部呈灰白色，玉璜龙首镂雕，周身琢浅浮雕勾连谷纹，排列有序。上下璜中间空隙处镂雕凤鸟连接，此双璜为双龙上下复合，造型独特，加上此璜为一对且玉质优良，琢工精湛，工艺复杂，有一定的考古研究、文物鉴赏和收藏价值。

33. 玉镂雕出廓璜（一对）

战国

19.5×9.5×0.4cm

青玉质。玉质温润，整体受沁严重，沁色复杂，浸蚀后表面呈现红褐、淡赭、青黑、淡绿等多种沁色，错综复杂，生坑特征明显。此璜玻璃光泽，包浆厚重，琢浅浮雕出芽谷纹，排列有序，饱满有力，出廓处镂雕变形凤鸟纹装饰，此璜工艺复杂，琢工精湛，如此精美艳丽的沁色和光泽是战国玉器中的孤品。此璜存世一对，极为珍贵。

34.玉镂雕龙形觿（组件二件）

战国

26.5×4.5×0.4cm 21×4.5×0.4cm

岫玉质。玉质温润，整体受土沁，局部呈黄褐色沁，此觿呈S形龙，琢镂雕螭龙首，尖鼻上卷，滴水眼，如意状龙角，周身琢阴刻雷纹。整体造型奇绝，琢工精美。

35.圆雕龙纹玉杯

战国

15.5×9×4cm

青玉质。玉质温润，整体受土沁，经浸蚀后土蚀痕迹明显。此杯整器为圆雕件，由圆雕螭龙座底负杯，上琢浅浮雕勾连谷纹，一侧龙首上端镂雕一活环圈，杯口平面一侧口沿向上抛高内卷。此杯为酒具，琢工精细，存世少。

36. 玉圆雕龙纹壶

战国

12.5×9.5cm

青玉质。玉质温润，整体受沁，局部呈紫褐色沁，由深渐浅，有较好的蜡脂和玻璃光泽感。此壶分上、下结构组成：上部琢高浮雕双螭对称回合纹盖，下部琢高浮雕三螭龙上下捧钱纹。此壶造型独特，琢工精美。

37. 玉圆雕双龙耳三足壶

战国

16×9.5cm

黄玉质。玉质温润，整体受沁，局部见水银沁色。此壶分上、下两部分：上部分琢高浮雕螭龙钮；下部分琢镂雕双螭龙双耳，笠耳，龙鬃，阴刻绞丝纹并两鬃相连，琢浅浮雕兽面纹、如意纹并高浮雕琢三足，分趾足。此壶玉质优良，造型奇特。

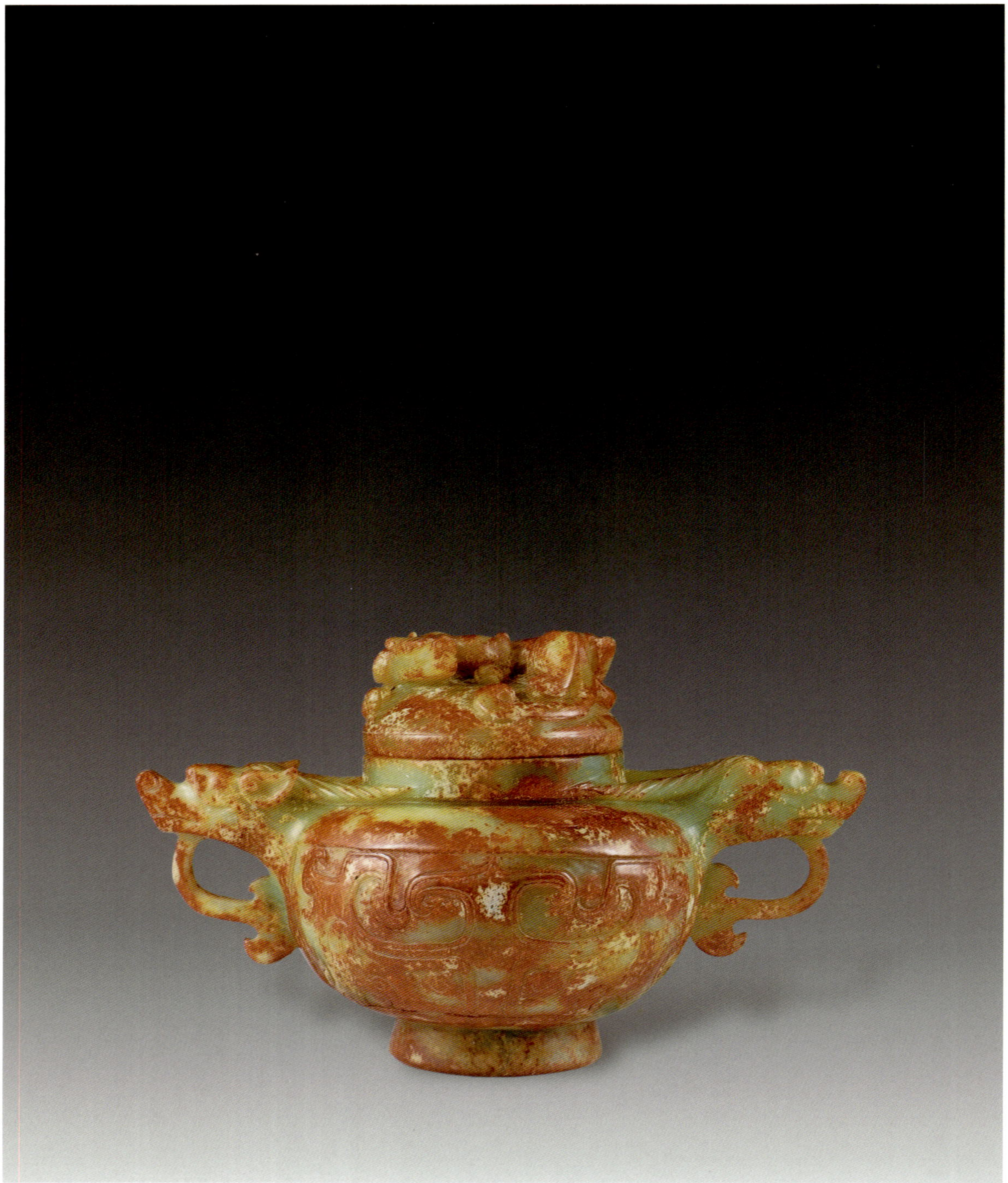

38. 玉圆雕双螭耳壶

战国

18×11cm

黄玉质。玉质温润，整体受朱砂色沁，局部沁色严重，由深渐浅，层次分明，过渡有序。此壶分上、下部组成：上部琢高浮雕螭龙为钮；下部琢镂雕双螭龙为双耳，壶身琢浅浮雕兽面纹和如意纹，圈足。此壶玉质优等，存世罕见，有十分重要的考古研究和文物鉴赏及收藏价值。

39. 玉圆雕龙凤纹盖壶

战国

22×12×8cm

白玉质。玉质温润，整器受土沁，局部浸蚀后已钙化，痕迹明显。此瓶分上、下组合：上部琢浅浮雕凤纹及镂雕凤鸟首为盖钮；下部瓶身琢浅浮雕兽面纹和夔龙纹饰，两侧雕琢双凤鸟作双耳，矮圈足。整体造型优美，琢工精细，存世极稀罕。

40. 玉圆雕人面纹瓶

战国

17×12.5×4cm

黄玉质。玉质温润，整体受沁，赭色沁由深渐浅，层次分明，具很好的蜡脂及玻璃光泽。此瓶口琢一周竖弦纹作头发，琢三圆孔作两眼一嘴，两眼中间浮雕鼻，两侧圆雕双凤鸟首作双耳，并勾勒出一完整头像。瓶身阴刻勾勒出立式人像，瓶两侧各镂雕小圆孔。此瓶构思巧妙，立意高远，玉质优良，造型极罕。

41. 玉圆雕双凤活环四足尊

战国

15.5×15×5.8cm

白玉质。整器受土沁，土蚀痕迹明显，局部已钙化。此尊分上、下部分组成：上部琢浅浮雕卷云纹，两侧琢刻凹形齿牙，顶部琢一周瓜楞纹钮；下部琢双凤鸟对应和如意纹，两侧圆雕双凤鸟作双耳，凤鸟下端各透雕一活环，四足部琢浅浮雕兽面纹，足分趾。此尊工艺复杂，形制特殊。

42. 玉圆雕双龙耳活环盖壶

战国

16×9.5cm

青玉质。玉质温润，整体受沁，局部呈红褐色沁。此壶分二部分构成：上部为琢浅浮雕变形云纹及圆雕乳头钮为壶盖；壶身琢镂雕双螭龙活环双耳，螭龙立耳，龙鬃弯曲内卷，浮雕出脊扇棱，两侧浮雕双凤鸟纹，矮圆足。此壶琢工精美。

43. 玉圆雕龙凤刀

战国

31×5×1.3cm

黄玉质。玉质温润，整器受朱砂沁，光泽鲜浓，如凝血状，为朱砂沁典型体现，是研究沁色的重要依据。此刀背上镂雕凤鸟纹，柄首部镂雕螭龙，张嘴露齿，二角一鬃圆雕成尖锐状，显得极其凶猛，刀彘部浅雕兽面纹。此刀在战国玉兵器中很罕见。

44. 镂雕龙凤纹玉戈（一对）

战国

12×7×0.4cm

墨玉质。玉质温润，光泽柔和，整体受土沁，渗入玉理，局部浸蚀后呈白色沁隔斑。此戈呈扁平体形，锋部呈三角形，尖端锐利，援二边磨刃。此戈援中琢双血槽，援后端浅浮雕琢变形兽面纹，下刃内侧弧处镂雕凤鸟，羽翅内卷。栏处镂雕长方体穿三个，内后处一圆孔。此戈小巧玲珑，琢工精湛，存世一对很罕见。

45.圆雕玉辟邪

战国

17×11×4.5cm

青玉质。玉质温润，整体受赭色沁，橘皮纹地，沁色由深渐浅。此辟邪为圆雕件，镂雕螭龙首，张嘴露齿，立耳，头顶独角下垂内卷和圆雕回头螭成一体。躯琢羽翅，尾部下垂分双岔，四足。

46.圆雕玉辟邪

战国

9.5×8×3.8cm

青玉质。玉质温润，整体受土浸蚀，沁色较重，浸入玉理，钙化现象严重，见灰皮覆盖表面，玻璃光泽及包浆极其厚实。镂雕螭龙首，张嘴露齿，如意鼻，打洼双耳，羽翅上扬内卷和兽鬃相连接，龙尾下垂，四足。神态凶猛，线条流畅，存世极少，有十分重要的考古研究和文物鉴赏及收藏价值。

47. 高浮雕龙凤纹玉璧

汉

20.5cm × 1.2cm

青黄玉质。玉质温润，整体受沁。此璧为正反面琢工，是典型东汉时期的工艺特征。璧正面琢高浮雕三螭一凤，穿云而过，显得精美无比，背面琢浅浮雕四组变形兽面纹和蟠螭纹，长眉内卷。此璧琢工精湛，可称玉器佳作。

48. 饕餮纹玉璧

汉

20cm × 0.5cm

青黄玉质。玉质温润，整体呈朱砂沁色，由深渐浅，过渡有序，层次分明。此璧琢浅浮雕四组工整变形饕餮纹和蟠螭纹，长眉勾卷，此璧尺寸较大，琢工精湛，具有十分重要的考古研究、文物鉴赏和收藏价值。

49. 饕餮纹玉璧

汉

13.2cm × 0.5cm

青玉质。玉质温润，整体受沁，局部呈红褐色沁，过渡有序，层次分明。此璧琢浅浮雕四组变形饕餮纹及蟠虺纹，平面地子有橘皮纹特征。此璧琢工精湛，沁色艳丽，存世极少。

50. 镂雕圆玉璧

汉

18.3cm × 0.4cm

白玉质。玉质温润，整器受土沁，局部浸蚀后呈浅红褐色沁。此璧琢浅浮雕勾连谷纹，饱满、圆润，两边立棱呈陡坡。琢工精湛，古旧朴实。

51. 镂雕双区玉璧

汉

22.8cm × 0.5cm

青玉质。玉质温润缜密，整体受土沁，沁色厚重，局部受浸蚀已钙化，沁色复杂，由深入浅，层次分明。此璧圆形，共分二区，外缘为阴刻浅浮雕琢出三组兽面纹，内区琢浅浮雕出芽谷纹。具十分重要的考古研究、文物鉴赏和收藏价值。

52. 双区玉璧

汉

21.3cm×0.5cm

黄玉质。玉质温润，有蜡脂光泽感，整器受朱砂沁色，局部见褐色沁，沁色几乎布满全器，透光处可见黄玉质地。此璧分二区，内区琢浅浮雕勾连谷纹，外区浅浮雕琢四组变形饕餮纹装饰，二区之间琢阴刻绞丝纹区隔断，此璧琢工精湛。

53. 镂雕双区玉璧

汉

11.5×0.5cm

青玉质。玉质温润，沁色厚重、复杂，相互渗透交融，表面有乳白色灰皮。此璧分二区，外区琢浅浮雕勾连谷纹，排列有序，颗粒饱满，两边棱陡坡，内区琢阴刻绞丝绳纹装饰。此璧琢工精美，时代特征明显。

54. 玉高浮雕圭璧

汉

24.8×11.8×1.2cm

青黄玉质。玉质温润，整体呈朱砂沁色，由深渐浅，层次分明。此圭璧琢正反两面不同纹饰，正面为高浮雕四螭纹，背面璧身琢浅浮雕蟠虺纹，圭部琢浅浮雕饕餮纹及线条纹。圭璧通体，琢工精湛，造型稀罕，具十分重要的考古研究、文物鉴赏和收藏价值，存世可贵。

55. 玉高浮雕圭璧

汉

24.8×15×1.2cm

青黄玉质。玉质温润，整体呈朱砂沁色，沁色层次分明，由深入浅，过渡有序。此璧正面琢高浮雕螭龙穿云而过，圭的两端琢浅浮雕兽面纹，背面琢浅浮雕三组变形饕餮纹，圭的另一端琢阴刻数道粗线纹，此圭璧整体工艺精湛，造型奇特，令人叹为观止。

56. 玉镂雕饕餮纹圭璧

汉

35×15.5×0.5cm

黄玉质地。玉质温润，如脂似蜡。整体呈红褐色沁，局部沁色凝重，由深渐浅，过渡有序，层次分明。圭璧为祀日、月、星辰的礼器。此璧琢浅浮雕二组饕餮纹及蟠螭纹，出廓处镂雕凤鸟附于圭首两侧。此璧合一，玉质优良，造型奇特，琢工精湛，存世罕见。

57. 玉镂雕四螭凤衔璧龙首出廓璧

汉

25×19×0.5cm

青玉质。玉质温润肥厚，整体受土沁，局部已钙化，开窗处可见青玉质地，蜡脂光泽感明显，出廓处镂雕螭龙首，外璧琢浅浮雕四组凤尾纹。内璧琢浅浮雕谷纹，内外璧中间琢四螭凤衔璧，此璧构思精巧，形制特别。

58. 玉高浮雕龙凤纹出廓璧

汉

21×19×1.2cm

青黄玉质。玉质温润，整体受沁，局部褐红色沁较重，此璧琢双面工，正面琢高浮雕龙凤纹，其中见一螭龙尾与一凤鸟均琢于廓外，螭龙神态生动奇特，一凤鸟足踏螭首行至出廓处。反面琢浅浮雕四组变形兽面纹和蟠螭纹，长眉内卷，此璧具有东汉琢玉风格。

59. 玉镂雕出廓璧

汉

15.5×11.3×0.5cm

青白玉。玉质温润，局部受土沁。此璧琢浅浮雕出芽谷纹，排列有序、饱满。出廓处两边为镂雕螭龙纹，纹饰生动传神。此璧玉质优良，琢工精湛。

60. 玉镂雕双龙出廓璧

汉

19.8×14.3×0.5cm

青玉质。玉质温润，肥厚润泽，整体受沁，局部经浸蚀后呈红褐色和灰白色。此璧琢浅浮雕出芽谷纹，排列有序，粒粒饱满，边棱呈陡坡，出廓处镂雕对称螭龙一对，纹饰相同。璧中间琢一镂雕体态矫健的游龙，游龙外圈琢阴刻绞丝纹。此璧造型特别，琢工精湛，难得可贵。

61.玉镂雕出廓龙首璧

汉

17×12.3×0.6cm

青玉质。玉质温润，局部受红褐色沁，层次分明。此璧整体为减地浮雕双凤纹，出廓处镂雕螭龙纹。此璧琢工精湛，造型罕见，具十分重要的考古研究和文物鉴赏及收藏价值。

62. 玉镂雕双龙出廓璧

汉

21.6×15.8×0.5cm

青黄玉质。玉质温润缜密，整体受朱砂沁，沁色由深渐浅，层次分明。此璧琢浅浮雕四组饕餮纹和蟠螭纹勾成，出廓处中央琢浅浮雕兽面纹，两侧琢镂雕对应螭龙纹。此璧工艺奇巧，琢工精湛，较为少见。

63. 玉镂雕出廓璧

汉

11×9×0.5cm

黄玉质。整体受沁，沁色复杂、厚重，蜡脂及玻璃光泽明显可见。出廓处镂雕螭龙纹，璧分内外二区，外区琢浅浮雕出芽谷纹，排列有序，颗粒饱满。内区琢阴刻绞丝纹，线条流畅，琢工精湛，堪称珍品。

64. 玉镂雕双龙出廓璧

汉

13×8.5×0.5cm

黄玉质。整体受沁，沁如橘黄色，通体蜡脂感及玻璃光泽明显可见。出廓处镂雕双螭龙向内分岔尾组成如意云纹顶，璧分内外二区。外区琢浅浮雕出芽谷纹，内区琢阴刻卷云纹。此璧构思巧妙，立意高远。

65. 玉镂雕双龙出廓璧

汉

28.5×17×0.5cm

黄玉质。玉质温润，整器受沁，由深渐浅，层次分明，色泽柔和，有较强的蜡脂光。此璧出廓处镂雕双螭龙和斧唇龙，分岔尾组成如意顶，构思巧，立意高。玉璧周身琢四组变形对称兽面纹和蟠螭纹。整体造型精美绝伦，且此璧尺寸之大，在汉代玉器中罕见。

66. 玉镂雕出廓璧

汉

13×10×0.5cm

青玉质。整体受土沁，局部浸蚀严重，灰白色明显。此璧琢浅浮雕出芽谷纹，排列有序，饱满圆润，边缘陡立。出廓处镂雕左右对称的凤鸟纹，凤鸟挺胸张嘴。此璧形制开门，沁色到位，琢工完美，制作经典。

67.玉镂雕出廓璧

汉

20.5×11×0.5cm

黄玉质。玉质温润，整体受朱砂色沁，此璧出廓处镂雕相背而立的斧唇龙一对，分岔尾组成如意顶，构思巧妙，立意高远。琢浅浮雕出芽谷纹，颗粒饱满、圆润，两边立棱呈陡坡。此璧琢工精湛。

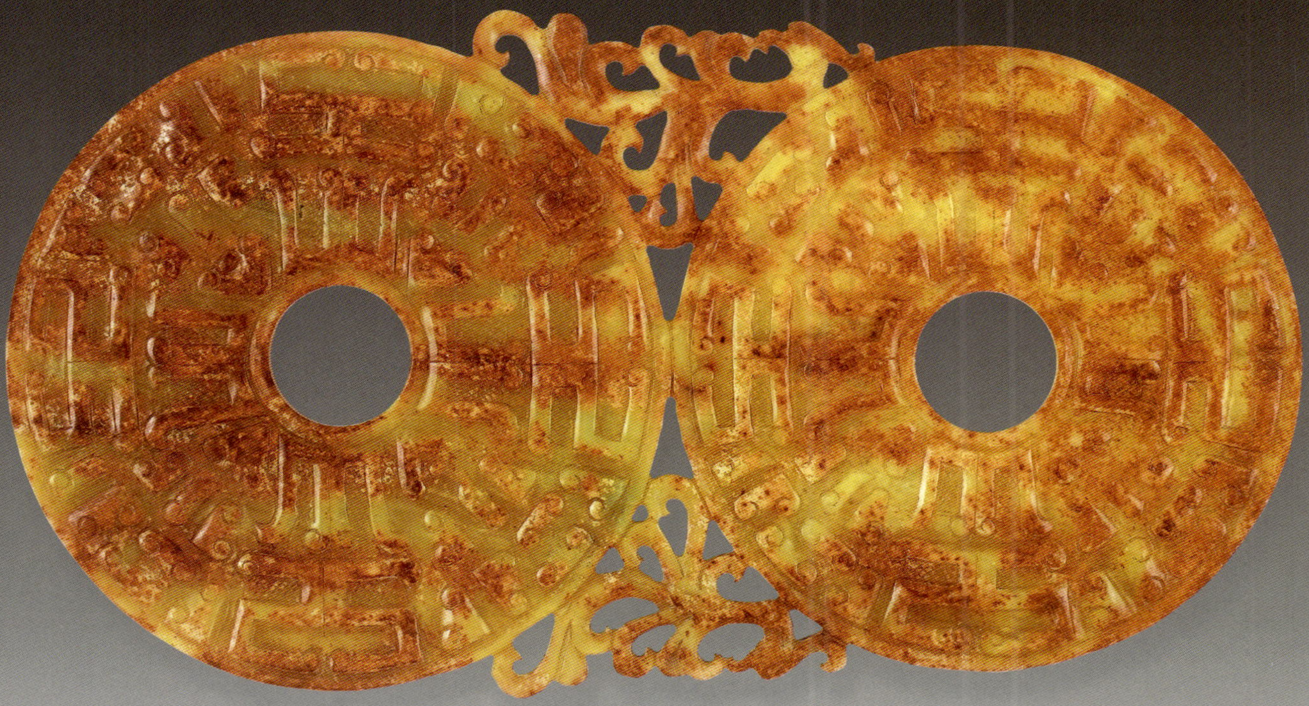

68. 玉镂雕兽面纹双联璧

汉

30.3×16×0.5cm

黄玉质地。玉质温润，通体受朱砂所沁。由深渐浅，层次分明。此联璧琢浅浮雕成组变形兽面纹和蟠螭纹饰，联璧中间二侧各镂雕凤鸟纹。此联璧在汉代玉器中极为罕见，造型奇特，存世可贵。

69. 高浮雕双龙首璜、螭龙纹璧(璜璧合一)

汉

22.8×14.5×1cm

青玉质。玉质温润，整体受土沁。此璧正面中央琢镂雕技法琢双龙首璜，身上琢浅浮雕勾连谷纹。璜上下部的璧身上高浮雕分别琢出螭龙和螭龙首，背面琢浅浮雕四组变形兽面纹和蟠螭纹。此璜璧构思巧妙，琢工完美。

70. 玉镂雕双龙出廓璧（一对）

汉

24.8×15.8×0.5cm

青黄玉，质地温婉，整体受沁，色泽柔和，镂雕相背而立的斧唇龙一对，分岔尾组成如意顶，构思巧妙。此璧琢四组变形对称饕餮纹和蟠螭纹，整器造型奇特，工艺精湛，且存世一对，相当珍贵。

71. 玉镂雕出廓“宜子孙”铭文璧（一对）

汉

20.8×15.5×0.5cm

青黄玉，质地温润缜密，玉璧整体受红褐色沁，出廓处为镂雕双龙纹。中央镂雕铭文“宜子孙”三字。圆璧琢四组变形对称兽面纹和蟠螭纹。此璧是东汉玉器中非常典型和罕见的珍品，存世极罕，有很重要的考古研究、文物鉴赏和收藏价值，非常珍贵。

72.玉镂雕龙凤出廓璧（组佩三件）

汉

13.7×8.6×0.5cm 12×8×0.5cm 11.6×8×0.5cm

青白玉质。局部受红褐色沁，玉质温润，此三件套为组合佩件。出廓处以镂雕龙、凤为主基调；璧以双区纹为主基调，内区琢浅浮雕卷云纹和如意纹，外区璧琢浅浮雕卷云纹(二件)，璧琢变形兽面纹(一件)。此组佩为三件套，工艺精美，琢工精细，沁色艳丽。

73. 玉镂雕龙凤纹瑗

汉

18cm × 0.5cm

黄玉质地。玉质温润，此瑗整体受朱砂所沁，沁色亮艳，此瑗外缘阴刻蟠虺纹，瑗内镂雕工艺琢出螭纹，中心圈内琢镂雕游龙纹，形象生动。此瑗玉质优良，整器满沁，在汉代存世玉器中相当罕见。

74. 玉镂雕龙凤瑗

汉

15.7cm × 0.5cm

青玉质。玉质温润，整体受土沁，局部呈红褐色沁，由深渐浅，层次分明。此瑗为镂雕纹饰，外区边琢阴刻绞丝绳纹，内区镂雕螭龙，内区环琢平地打洼工艺法，内外区中间琢镂雕凤鸟纹，布局合理，琢工精湛。

75. 玉镂雕龙凤瑗

汉

18cm × 0.5cm

青玉质。玉质温润，整体呈朱砂色沁，并入玉理。此瑗外缘身处琢浅浮雕卷云纹和蟠螭纹，瑗内镂雕工艺琢出螭龙纹，其中心螭纹贯穿于中间一瑗，体现了高超的琢玉工艺。此瑗存世稀罕。

76. 玉镂雕出廓双凤瑗

汉

23×15×0.5cm

黄玉质。玉质温润，如脂似蜡，整器呈朱砂色沁，沁色红润，包浆亮丽。此瑗出廓处镂雕一对凤鸟纹紧靠带有绞丝纹琢工的瑗外两侧，内瑗镂雕躯体矫健、生动传神一游龙纹。两瑗之间镂雕一对蜿蜒盘旋的螭龙。整器纹饰精美，存世较罕，堪称孤品。

77. 玉镂雕螭龙四拼璜组合瑗

汉

20cm × 0.5cm

青黄玉质。玉质温润，整体受沁，局部呈褐黄色沁，玻璃光泽，包浆厚重。此瑗为四节扇形璜组合成瑗，每节纹饰、琢工、形制相同，为镂雕螭龙纹，四周边框琢出平地打洼法工艺。四璜拼接严丝合缝，历经千年，尚能完整合一，具有十分重要的考古研究、文物鉴赏和收藏价值。

78. 玉镂雕龙凤瑗（一对）

汉

13.5cm × 0.5cm

墨玉质。整体受土沁，沁色凝重，透光处可辨墨玉质地。此瑗整体镂雕螭龙纹，内瑗琢镂雕张嘴露齿的一游龙，外瑗琢镂雕龙纹，内瑗环面采用平地打洼工艺法琢成。此瑗为一对，工艺奇特，琢工精美。

79. 镂雕双龙首玉玦（一对）

汉

8.8×8.6×0.5cm

青玉质。玉质温润，整体呈土沁色，渗入玉理，深浅有序，层次分明，浸蚀后表面见灰白色沁。此玉玦琢镂雕双龙首，周身琢浅浮雕勾连谷纹，排列有序、整齐，出廓处镂雕线条流畅的边沿，交合处饰变形如意纹。琢工精美，造型罕见。此玦为一对，存世可贵。

80.玉镂雕双龙共体出廓璜

汉

26.5×11×0.5cm

黄玉质。玉质滋润温泽，整体受沁，沁皮覆盖粘染。此璜镂雕双龙首，龙身琢浅浮雕勾连谷纹，出廓中央镂雕一游龙受玉环圈内，玉环二侧镂雕一对螭龙，显得神态威猛。此璜造型奇特，存世少见。

81. 玉镂雕双龙共体出廓璜

汉

23×9×0.5cm

黄玉质。玉质温润，整体受朱砂沁色，由深渐浅，过渡有序，包浆亮艳，属熟坑古玉。此璜镂雕双龙首，周身琢浅浮雕勾连谷纹，出廓处镂雕一对双凤迎面而合。是汉代玉器中经典之作。

82. 玉镂雕双龙共体出廓双凤璜

汉

22.5×9×0.5cm

黄玉质。玉质缜密，整体呈朱砂沁色，色泽瑰丽，温润浓艳，如此通体受浓沁器，在古玉器中相当罕见。此璜双龙共体周身琢浅浮雕勾连谷纹，抚之扎手。出廓处镂雕对称对应双凤鸟纹。此璜琢工精美，沁色特殊。

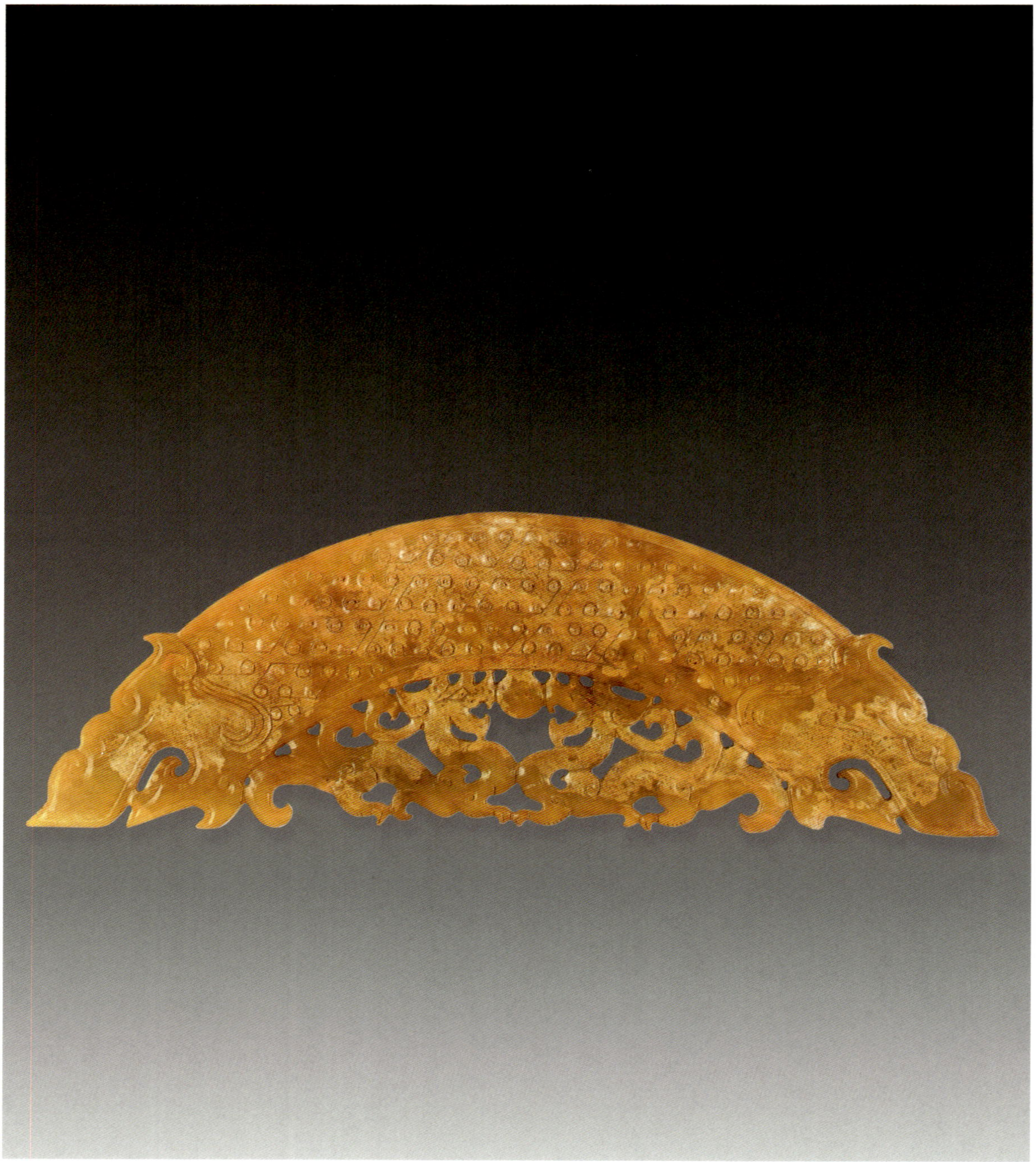

83.玉镂雕双龙首出廓璜

汉

27×8.6×0.5cm

黄玉质。玉质温润，整体受土沁，局部经浸蚀表皮可见灰白色沁，由深渐浅，层次分明。此璜镂雕双龙，周身琢浅浮雕勾连谷纹，排列有序，圆润、饱满。出廓处镂雕对称的双龙抢珠图案，使得此璜更为精美。

84. 玉镂雕双龙出廓璜

汉

16×9×0.5cm

白玉质。玉质温润，整体受沁，局部浸蚀后呈红褐色沁。此璜镂雕双龙首，周身琢浅浮雕出芽谷纹，外出廓处镂雕螭龙纹，内出廓处镂雕双凤鸟纹。此璜古朴厚重，包浆厚实，造型别致，琢工精美。

85. 玉镂雕出廓璜

汉

26.3×13×0.5cm

青玉质。玉质温润，整体受土沁，局部受沁严重，浸蚀后土蚀痕迹明显。此璜为扁平体，平面厚度不一，两边厚，中间薄，有明显的弓子锯开片留下的痕迹。此璜琢浅浮雕出芽谷纹，出廓上端镂雕游龙，出廓下部镂雕对应的凤鸟一对。此璜古玉特征明显。

86.玉镂雕出廓二节复合形璜

汉

32.3×11×0.5cm

黄玉质。整体受土沁，器表呈灰皮。琢镂雕双龙首，周身琢浅浮雕勾连谷纹，排列有序，饱满、圆润。出廓处镂雕一对螭龙迎面而合。此璜由二节复合，璜中间可见四个小圆孔可系线穿接。如此精美的玉璜存世极罕见。

87. 玉镂雕双龙首二节复合出廓璜

汉

23.8×8×0.5cm

黄玉质。玉质温润，整体受土沁，局部浸蚀后见灰白色，层次分明，过渡有序。此璜为二节复合璜，璜中间可见四个小圆孔可系线穿接。出廓处镂雕对应双龙纹饰，工艺精美，造型别致，极为罕见。

88.玉镂雕双龙首三节复合璜

汉

23.8×8×0.5cm

黄玉质。玉质温润，整体受土沁，局部经浸蚀可见层次分明、沁色过渡有序的灰白色沁。此璜为三节复合璜，中间一节与左右二节各钻有小圆孔，可相互拼接。琢镂雕双龙首，周身琢浅浮雕勾连谷纹，排列有序、圆润。此璜分段组成，拼接严丝合缝，相当奇特珍贵，具十分重要的考古研究、文物鉴赏和收藏价值。

89. 玉镂雕双龙共体出廓璜（一对）

汉

22.3×9×0.5cm

黄玉质。玉质温润，整体呈朱砂色沁。局部沁色凝重，过渡有序，渗入玉理。此璜琢镂雕螭龙首，周身琢浅浮雕勾连谷纹，出廓处琢镂雕凤鸟纹。此璜为一对，琢工精湛，非常珍贵。

90. 玉镂雕双龙共体出廓璜（一对）

汉

16.5×7.2×0.5cm

黄玉质。玉质温润，整体受红褐色沁，由深渐浅，过渡有序，蜡脂光泽明显。此璜镂雕双龙首，周身琢浅浮雕出芽谷纹，出廓处镂雕螭龙纹，中间钻一小圆孔可系挂。此璜为一对，玉质极其优良，琢工完美精湛。

91. 玉镂雕出廓龙凤纹璜（一对）

汉

13×6.3×0.5cm

青玉质。整体受土沁，玉质温润肥厚。此璜周身饰浅浮雕出芽谷纹，出廓处镂雕龙凤纹。此璜为一对，造型独特，工艺复杂，琢工精湛。

92.玉镂雕双龙共体出廓璜（一对）

汉

22.5×9×0.5cm

青玉质。整体受土沁，局部呈红褐色沁。此璜镂雕双龙，滴水眼，龙身琢浅浮雕勾连谷纹，排列有序，出廓处镂雕对应双凤鸟纹迎面相逢。此璜为一对，工艺造型别致，古玉特征明显，存世极少，且此璜一对存世，具十分重要的考古研究、文物鉴赏和收藏价值。

93.玉镂雕双龙共体出廓璜（一对）

汉

18.5×8×0.5cm

青玉质。玉质温润，整体受土沁，局部经浸蚀后土蚀痕迹明显，由深渐浅，层次分明，有很强的玻璃光泽。此璜琢镂雕双龙首，滴水眼，阴刻龙鬃内卷，周身琢浅浮雕勾连谷纹，排列有序，饱满圆润。出廓处镂雕双凤鸟纹，显得此璜更优美，琢工精湛，存世一对，极珍贵。

94. 玉镂雕双龙首出廓璜（一对）

汉

19.5×8×0.5cm

青玉质。玉质温润，局部受黄褐色沁。此璜琢镂雕螭龙首，周身琢浅浮雕出芽谷纹，排列有序，饱满圆润，出廓处镂雕兽面纹。此璜琢工完美，存世一对，实乃天意，具很重要的研究、鉴赏和收藏价值。

95. 玉镂雕龙凤纹佩

汉

27×18.8×0.5cm

青玉质。整体受土沁，局部沁色厚重，浸蚀后见灰白色。此佩通体琢浅浮雕出芽谷纹，龙首和龙爪环抱琢有谷纹的圆璧，龙尾内卷，凤鸟在龙中部位紧贴。此佩体大，造型奇特。

96. 玉镂雕双龙共体佩

汉

20.8×9.5×0.5cm

黄玉质。玉质温润，整体受沁，沁色覆盖全器，透光处见黄玉质地。此佩镂雕双龙首，周身琢浅浮雕出芽谷纹，两边立棱呈陡坡。出廓处镂雕相背而立的双凤，纹饰精细。

97. 玉镂雕龙凤佩

汉

27×12×0.5cm

黄玉质。通体受土沁，局部光泽油润，包浆厚实。镂雕龙首，滴水眼，周身饰阴刻卷云纹，线条流畅。镂雕凤鸟首连接龙嘴部，龙身中央琢阴刻卷云纹环由龙爪相依托。此佩琢工精湛。

98. 玉镂雕龙凤纹佩

汉

24×17×0.5cm

青玉质。玉质温润，整体受土沁，局部浸蚀呈灰白色。此佩呈双瑗形组合，琢镂雕龙首，并沿内瑗环绕与共身的凤鸟相衔接，凤鸟龙尾挟顶小璧。此佩整体琢浅浮雕出芽谷纹，排列有序，粒粒饱满。造型奇特，琢工精湛。

99. 玉镂雕龙首佩

汉

27×18.8×0.5cm

青玉质。玉质温润，整体受土沁，局部浸蚀呈灰白色。此佩琢浅浮雕阴刻出芽谷纹，饱满圆润，镂雕龙首部为龙嘴、龙爪捧在琢有阴刻卷云纹的玉璧，显得此佩更完美。此佩体型大，沁色美，琢工精，存世少。

100. 镂雕龙玉佩

汉

19.7 × 16.3 × 0.5cm

青玉质。玉质温润，整体呈土沁，局部经浸蚀已见灰白色。此佩为双瑗形器，镂雕螭龙首并环绕一周螭龙首尾交接，尾内卷，琢打洼工艺，整器琢浅浮雕出芽谷纹，颗粒饱满、圆润。造型奇特。

101. 镂雕龙凤玉佩

汉

19.5×7×0.5cm

白玉质。玉质温润，整体受石灰沁，局部已钙化，呈土蚀斑点。此佩龙首凤鸟尾呈S形造型，龙嘴部及龙爪部抱琢阴刻纹的圆璧，显得整器生动活泼、精美无比。

102. 镂雕龙形玉佩

汉

26.5×10×0.5cm

青玉质。玉质温润，整体受沁，局部浸蚀呈黄褐色，局部浸蚀已钙化，多处呈土蚀斑点。此佩整体为镂空雕，周身琢浅浮雕出芽谷纹，龙颏下部与龙爪卷曲处抱琢于出芽谷纹的圆璧，显得此佩完整协调，精美绝伦。

103. 玉镂雕龙凤佩

汉

28×8×0.5cm

青玉质。玉质温润，整体受沁，沁色复杂，局部浸蚀后已钙化，形成土蚀斑点。此佩整体为镂雕体，龙周身琢浅浮雕出芽谷纹，龙首与龙凤首衔椭圆型璧。此佩整体造型特别，工艺精美，琢工精湛，堪称珍宝。

104. 玉镂雕双龙鸡心佩

汉

15.5×10×0.5cm

青白玉质。玉质温润，局部受朱砂所沁，沁色深沉，层次分明，过渡有序。此佩经把玩成半熟坑，琢镂雕双螭龙首尾，周身琢浅浮雕出芽谷纹，粒粒饱满，中间镂雕鸡心状纹。此种形制玉佩为汉代经典之作，琢工如此精湛，具十分重要的考古研究和文物鉴赏收藏价值。

105. 玉镂雕虎形佩（一对）

汉

16.8×5.1×0.5cm

青玉质地。玉质温润，整体受土沁，包浆及玻璃光泽明显。此佩呈扁平体状，整器除尾部及两爪处外，周身琢蟠虺纹。琢阴刻双圈眼，鬃毛处阴刻网格纹。背上部钻一小孔可系挂。虎尾内卷，两足分趾足，此佩为一对，存世极罕见。

106. 镂雕龙凤玉佩

汉

12×11.5×0.5cm

青白玉质。玉质温润，局部受土沁。此佩以卷圆形龙首凤尾相交为主体，龙首颈前部琢扇牙状齿纹，龙身琢双阴刻线雷纹，子母螭龙交接相吻，琢凤鸟为龙尾咬龙爪不松套。此佩造型奇绝，存世稀罕。

107. 镂雕龙首玉佩

汉

17.3×10×0.5cm

黄玉质。玉质温润，整器受朱砂色沁，沁色厚重，浸入玉理，蜡脂及玻璃光泽呈现。此佩琢镂雕螭龙首，龙体呈半月形卷曲，周身琢浅浮雕出芽谷纹，螭龙前爪及后爪托琢出芽谷纹的圆璧，边棱陡坡。此佩琢工精美，沁色艳丽，玉质优良，具十分重要的考古研究和文物鉴赏及收藏价值。

108. 玉镂雕鸡心佩

汉

8.6×7.8×0.5cm

青玉质。玉质温润，局部受红褐色沁。此佩上部镂雕螭龙，两侧镂雕双凤鸟纹，龙尾和凤尾相连接，中间镂空琢半月形状浅浮雕兽面纹，长眉内卷。此佩经数年静养、盘玩、佩带已成熟坑，整体琢工精湛，纹饰精美。

109. 玉镂雕龙形佩

汉

16.7×4.6×0.5cm

青玉质。玉质温润，整体受土沁，局部呈红褐色沁，此佩镂雕螭龙纹，龙首卷曲至龙腹部，周身琢浅浮雕出芽谷纹，颈部琢阴刻网格纹。龙前爪衔接琢有阴刻卷云纹的小玉璜，璜两端各钻小圆孔。显得此佩造型更优美、生动，具十分重要的考古研究和文物鉴赏及收藏价值。

110. 玉镂雕龙形佩

汉

13.6×10×0.5cm

青玉质。玉质温润，局部呈红褐色沁。此佩为 W 形龙身怀璧形制的造型，镂雕龙首。龙嘴及龙爪抱托琢浅浮雕出芽谷纹的圆璧两侧。显示此佩造型生动，充满动感。

111. 玉高浮雕舞人佩

汉

17.5×17.5×1cm

青玉质。玉质温润，整体受土沁，局部浸蚀呈灰白皮，浸入玉理。舞人臀部由一浮雕螭龙为依托，一臂上扬过头顶，一臂下飘，长裙及地托素工璧。反面琢高浮雕双龙共体，中央琢变形如意卷云纹。此佩造型奇特，工艺复杂，存世稀罕，具十分重要的考古研究和文物鉴赏及收藏价值，堪称珍宝。

112. 玉高浮雕舞人佩

汉

19×12.5×1cm

青玉质。玉质温润，整体受土沁，浸蚀后器表面几乎布满灰白色，浸入玉理。此佩琢高浮雕舞人，阴刻勾勒舞人五官，两袖内卷，长裙及地，姿态优美。反面琢高浮雕螭龙，阴刻变形如意纹。此佩工艺复杂，存世稀罕，具十分重要的考古研究和文物鉴赏及收藏价值，极其珍贵。

113. 玉高浮雕舞人佩

汉

13.5 × 12.5 × 1cm

青玉质。玉质温润，整体受土沁，浸蚀后呈灰白色，浸入玉理。此佩琢高浮雕舞人，琢刻绞丝纹的两手臂呈上举姿态，并琢出阴刻勾勒舞人五官，长裙及地，两腿呈九十度伸展。舞人周身琢阴刻卷云纹，袖和腿间琢素工小圆璧。反面琢浮雕螭龙呈卷曲形，周身琢阴刻雷纹，在卷曲空隙处饰变形如意纹。此佩琢工精美，造型奇特。

114. 玉高浮雕舞人佩

汉

14.5×11.7×1cm

白玉质。玉质温润，整器受土沁，浸蚀痕迹明显，呈灰白色皮。此舞人佩以半立雕加镂雕和阴刻纹手法琢制，阴刻圆脸及五官，发丝清晰可见，双手臂阴刻绞丝纹，舞人一臂上举，一袖下飘，束腰、翘臀，姿态优美，舞人身上阴刻卷云纹。反面琢高浮雕螭龙纹，周身琢雷纹，中部刻如意纹。形制奇特，琢工精美。

115. 镂雕龙形玉佩

汉

23.5×11×0.5cm

青玉质。玉质温润，整体受土沁，局部呈红褐色沁，由深渐浅，层次分明，龙尾部浸蚀后呈灰白色斑片。此佩呈扁平体，中间呈弓形。此佩镂雕螭龙首，S形龙周身浅浮雕芽谷纹，龙身卷曲中央镂雕阴刻直线纹和镂雕如意云纹，龙尾部琢游丝工艺。此佩琢工精湛。

116.玉圆雕龙形佩

汉

27.8×3cm

青玉质。玉质温润，局部土蚀痕迹明显，可见虫蛀斑点及虫蛀孔。整体呈圆雕状，琢雕螭龙首，张口露牙，獠牙对钳，如意纹鼻，双耳高浮雕独立琢出，龙脊琢浅浮雕线条纹，龙尾琢高浮雕如意纹。神态威猛，声势夺人。

117. 玉镂雕双龙共体佩（一对）

汉

24.5×17×0.5cm

黄玉质。玉质温润，整体受红褐色沁，由深渐浅，过渡有序。此佩琢镂雕双龙首，周身琢浅浮雕勾连谷纹，上部镂雕如意云纹顶，并钻小圆孔，可系挂。此佩双龙共体拱曲中央浅浮雕勾连谷纹圆璧，璧中镂雕一游龙，两边立棱陡坡。工艺精湛，体形大，存世一对很罕见。

118. 玉镂雕双龙共体佩（一对）

汉

24.8×9.5×0.5cm

青黄玉质。玉质温润，整体受沁。此佩主体为璜型，两端镂雕对称龙首共体斧唇嘴、滴水眼，颈部阴刻鱼鳞纹、网格纹，身琢浅浮雕勾连谷纹，排列有序，中间镂雕相背而立的双凤纹。此玉佩造型、图案设计完美，琢工精湛，留存为一对，极为少见。

119. 玉镂雕龙凤纹佩（一对）

汉

12.8×8.2×0.5cm

青玉质。局部受红褐色沁，玉质温润，色泽鲜丽，此佩镂雕螭龙首与镂雕凤鸟尾呈S形，展示龙首凤尾之势。周身龙首部阴刻鱼鳞状纹，凤鸟首部琢浅浮雕出芽谷纹。此佩造型显得龙凤之间协调有力，是不可多得之精品一对。

120. 玉镂雕龙凤佩（一对）

汉

17.3×8.3×0.6cm

青玉质。玉质温润，整体受沁，局部经浸蚀后土蚀痕迹明显，渗入玉理，包浆厚实，玻璃光泽明显。此佩以镂雕工艺琢龙首和凤鸟，呈S形状结构，龙周身琢浅浮雕阴刻卷云纹。此佩为一对，存世罕见。

121. 玉镂雕龙凤佩（一对）

汉

10.6×7.4×0.4cm

青玉质。玉质温润，整体受土沁，局部浸蚀后呈灰白色。此佩琢镂雕螭龙首，龙首与龙尾卷曲成圆型出廓璧，中间镂雕凤鸟纹填内缺，周身阴刻卷云纹及网格纹。此佩为一对，存世极少，琢工精湛，沁色完美。

122.玉镂雕璜璧合一佩（一对）

汉

18.3×12×0.5cm

青玉质。玉质温润，整器受沁严重，沁色复杂。此佩为璜璧组合，上部为浅浮雕琢四组变形饕餮纹为璧。下部为浅浮雕勾连谷纹及镂雕双龙首为璜，璜的出廓处镂雕双凤纹。此璜璧合一之佩在汉代玉器中相当罕见，造型奇绝，形制特殊，应为佩饰，存世极少见。

123. 玉镂雕龙形佩（组佩二件）

汉

16.5×9×0.5cm　17×9×0.5cm

青玉质。玉质温润，整体受土沁，龙首部浸蚀严重已见灰白色。此佩镂雕龙首，周身琢浅浮雕出芽谷纹，两边立棱陡坡，螭龙颈部饰半月状阴刻卷云纹璜，并在两端各留一圆孔。整体工艺精美，沁色艳丽，琢工精湛，此组佩为二件，存世稀罕，有十分重要的考古研究和文物鉴赏及收藏价值。

124. 玉镂雕龙形舞人佩（组佩二件）

汉

17×5×0.5cm

白玉质。玉质温润，整体受土沁，透光处可见白玉质地。此佩镂雕螭龙首，周身琢浅浮雕出芽谷纹，饱满、圆润。在龙尾凹部，镂雕一凤鸟随尾紧靠，在龙身凹部镂雕一舞人，圆脸，琢阴刻五官，端正大方，阴刻条形发丝可见。此舞人一袖上举至龙颈部，一袖下飘至膝处，长裙及地至龙下部。此佩造型奇特，琢工精湛。

125. 玉镂雕龙形佩（组佩二件）

汉

14×13×0.5cm

白玉质。玉质温润，整体受土沁，沁色复杂，局部呈黄褐色沁。此佩镂雕双龙首，周身琢浅浮雕出芽谷纹，颗粒饱满，一佩为龙首龙尾呈U形状，另一佩龙首与凤尾呈直角弯曲造型。此组佩琢工精美，沁色艳丽，造型奇特。

126. 玉镂雕龙形佩（组佩三件）

汉

18×10×0.5cm 18×10×0.5cm 15.5×10.7×0.5cm

青玉质。玉质温润，整体受沁，局部呈红褐色沁，由深渐浅过渡有序，层次分明。此组佩龙，镂雕龙首和龙身，周身浅浮雕出芽谷纹，龙的前爪和龙尾部分别托住琢出芽谷纹的圆璧，圆璧两边立棱陡坡。此组龙形佩，琢工精湛，存世不易。

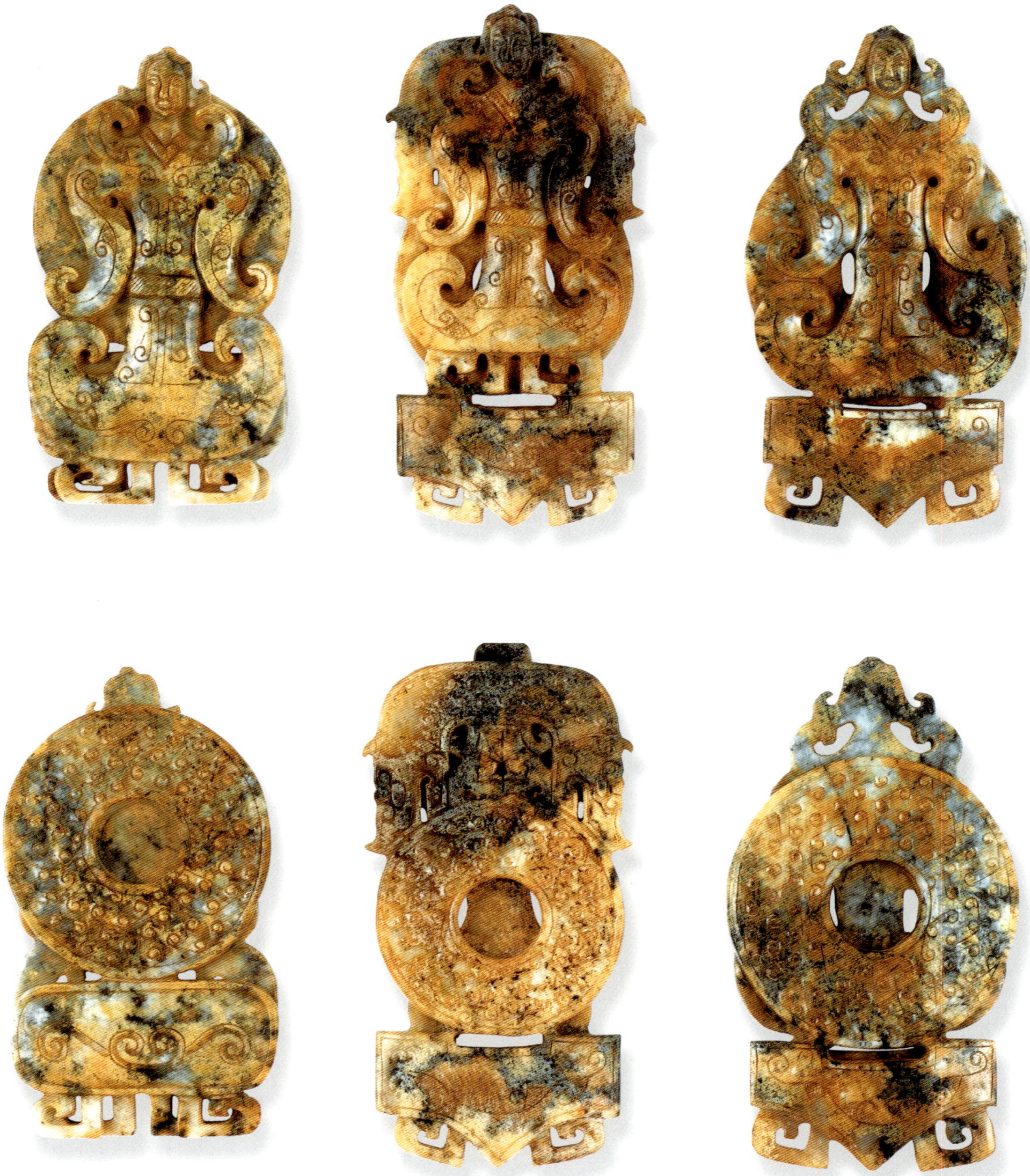

127. 玉高浮雕人物佩（组佩三件）

汉

14×7.8×1.2cm　13×7.3×1.2cm　14.5×7×1.2cm

青玉质。玉质温润，整体受土沁，沁色复杂，透光处可见青玉质地，局部呈水银沁色。此组佩正反面琢工不同，正面琢高浮雕舞人，以阴刻勾勒人脸五官，颈部阴刻鸡心状领，两袖下飘腰部饰袖口卷云纹，长裙及地向上饰卷云纹。背面浅浮雕勾连谷纹圆璧，下端阴刻卷云如意纹装饰。此组佩三件，系东汉较典型的风格，工艺复杂，琢工精湛，成组存世，相当难得。

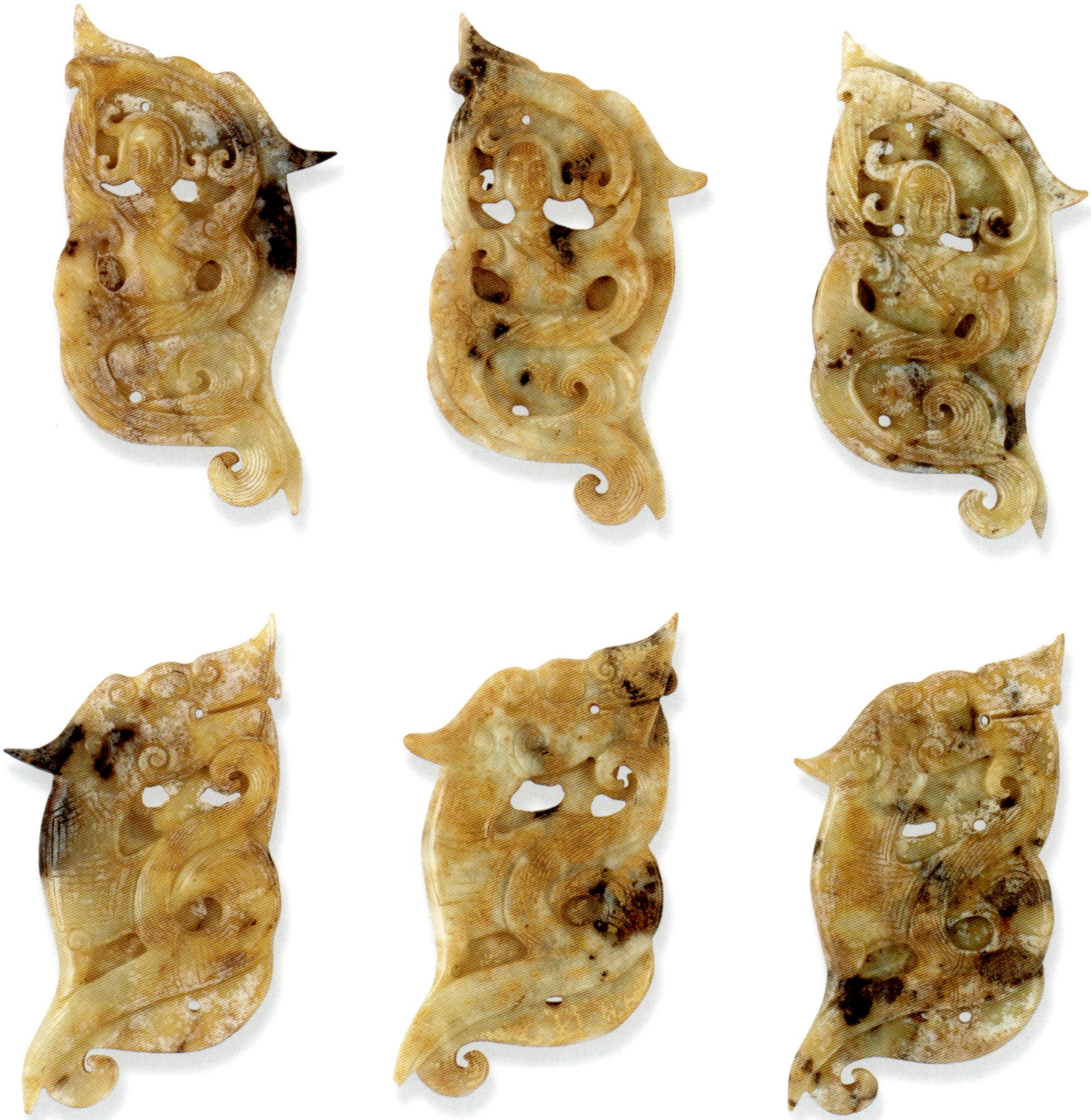

128. 玉高浮雕舞人佩（组佩三件）

汉

15.3×7×1cm

白玉质。玉质温润，整体受土沁，局部呈水银沁色。玉舞人盛行于汉代，此组舞人佩琢高浮雕舞人，琢出绞丝纹的双手一臂上举，一袖下飘，形态优美。此舞人佩反面饰浮雕螭龙并琢阴刻雷纹及绞丝纹饰，此佩一组三件，玉质优良，琢工精湛。

129.玉镂雕凤纹牌饰

汉

23×13.5×0.5cm

黄玉质。玉质温润，光泽温润浓艳，此饰如此半体受浓沁在古玉器中相当少见。此牌饰主体为镂雕件，中间为变形凤纹，左侧为一凤鸟凌空踏在一浅浮雕出芽谷纹的圆璧上，工艺奇特，存世极罕，具十分重要的考古研究、文物鉴赏及收藏价值。

130. 玉镂雕凤纹牌饰

汉

22×15.5×0.5cm

黄玉质。玉质温润，整体受朱砂沁色，呈镂雕长方体，中间为变形凤纹。可见一侧为凤鸟凌空踏在浅浮雕出芽谷纹的圆璧上，圆璧两边起棱陡坡。此牌饰工艺奇绝，琢工精湛。

131. 玉镂雕凤纹牌饰

汉

23.2×13×0.5cm

黄玉质。玉质温润，整体呈朱砂沁色，沁色由深渐浅，过渡有序，层次分明。此牌饰主体为镂雕长方体，中间为变形凤纹，见一侧为凤鸟凌空踏在浅浮雕出芽谷纹的圆璧上，两边棱呈陡坡，存世极罕见。

132.镂雕龙凤纹玉兽面

汉

12.8×11.8×2cm

黄玉质。玉质温润，整器受黄褐色沁，沁色凝重，包浆厚实。此玉兽面一端琢浅浮雕兽面纹，另一端镂雕双龙对称衔变形如意顶，中部双凤展翅并砣刻平行短阴线及管钻小圆孔。此玉兽面玉质优良，存世稀罕，有十分重要的考古研究和文物鉴赏及收藏价值，极其珍贵。

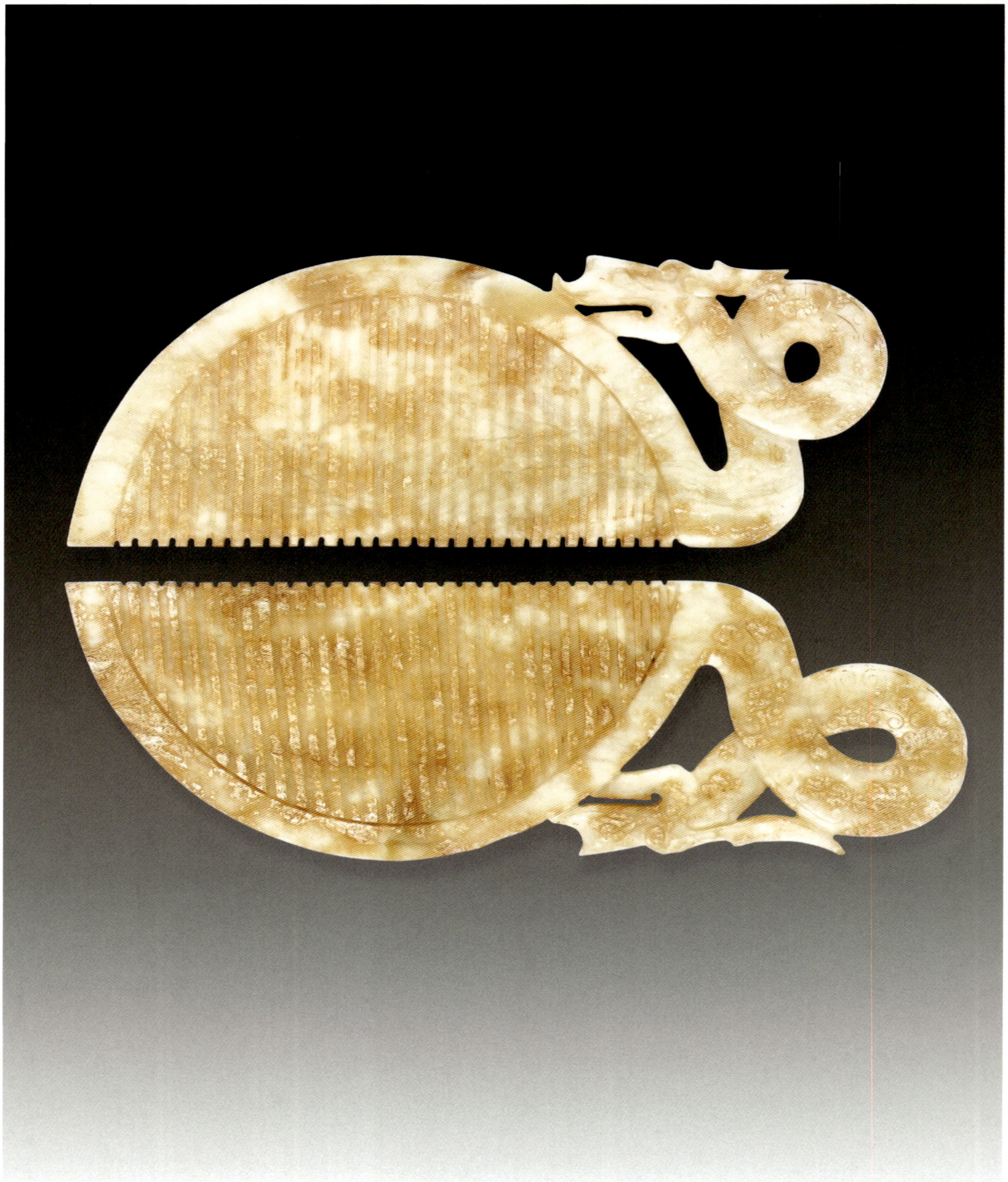

133. 镂雕龙形柄玉梳（一对）

汉

24.5×7.5×0.5cm　22.5×7.5×0.5cm

白玉质。玉质温润，整体受土沁。梳柄镂雕螭龙首琢成八字形。此玉梳为扁平体，短梳齿，为丧葬用玉梳，共琢刻未对穿锯齿缝的三十根方型细梳。背面平整，雕琢精细，为汉代罕见。此玉梳为一对，具十分重要的考古研究、文物鉴赏和收藏价值。

134. 玉镂雕饕餮纹发冠（一对）

汉

6.8×4.2×0.5cm

青玉质。玉质温润，整体受沁，局部呈朱砂沁，渗入玉理，沁色由深渐浅，层次分明。整器为椭圆型筒状，筒外正面阴刻饕餮纹。上端斜面状，下端平齐，底边处有一对钻小圆孔，并备有一头粗、一头细的圆柱玉簪来固定头发。此器琢工精湛，沁色艳丽，玉质优良，存世一对，极其罕见，有十分重要的考古研究和文物鉴赏及收藏价值。

135. 圆雕龙形玉带钩

汉

24×3.6×2.6cm

青玉质。玉质温润，整体受土沁。整器呈圆雕状，龙首、龙尾均为镂雕螭龙，张嘴露牙，獠牙对钳，龙嘴上翘，中部镂空，一回头螭龙首双耳高浮雕独立琢出，呈尖锐刺手状耳，凸眼，龙身琢阴刻卷云纹。圆雕椭圆形钮。此带钩精工细作，是汉代精品。

136. 玉圆雕兽面纹双螭耳盖瓶

汉

21.5×10×0.43cm

岫玉质。玉质温润，整体受朱砂沁色，局部沁色深重处已出现钙化状态，迎光不透。此盖瓶分盖和瓶体二部分：上盖琢浅浮雕勾连云纹，两边琢凹形齿牙，圆雕乳头状如意顶为钮，子母口；瓶体琢浅浮雕兽面纹和夔龙纹，两侧各镂雕爬行式螭龙作双耳，圈足。整体沁色艳丽，琢工精湛，寓意深刻，古玉琢制工艺特征明显。

137.玉圆雕龙凤纹盖瓶

汉

20×11×4.5cm

青玉质。玉质温润，整体受沁，局部呈红褐色沁，浸蚀后见灰白色，有水银沁色。上盖琢勾连云纹，镂雕凹形齿，乳头状圆柱为钮；瓶体琢浅浮雕兽面纹和夔龙纹，两侧镂雕螭龙及活环作双耳。此瓶玉质优良，沁色艳丽，工艺精美，存世稀少。

138.玉圆雕龙纹盖瓶

汉

22×11cm

白玉质。玉质温润，整体受沁。上盖琢阴刻如意纹和螭龙纹，浮雕素工如意钮，颈和顶面饰四条凸脊；瓶体琢四层纹饰，由上而下分别为浅浮雕螭龙纹均匀在四面分布，在硬肩处阴刻夔龙纹，在四条凸脊处琢螭龙纹和回纹，底层琢四面竖弦纹和四面凸纹，圈足。此瓶构思巧妙，琢工精湛。

139. 玉圆雕龙凤纹盖瓶

汉

16.5×11×3.5cm

黄玉质。玉质温润，整器受朱砂所沁，局部见黑漆古色。上盖圆雕螭龙纹顶和口沿上端浅浮雕兽面纹及相背对称的双凤鸟为瓶钮；瓶的口沿下端中央浅浮雕虎首纹，眼、鼻、眉、嘴、牙清晰可见，阴刻鱼鳞纹、如意纹、卷云纹，瓶身两侧琢凸脊，四足，足分三趾。足部上端两侧琢阴刻卯头刀工艺，砣轮工痕迹明显。此瓶玉质优良，沁色艳丽。

140. 玉圆雕龙凤纹盖瓶

汉

20×11×11cm

白玉质。玉质温润，整体受土沁。上盖为阴刻如意纹和回纹，面琢凸脊，圆雕乳头钮；瓶体为阴刻螭龙、夔龙和凤鸟纹。浮雕螭龙纹，四面琢凸脊，圈足，足边沿阴刻回纹并浮雕出凸脊。此瓶工艺复杂，琢工精湛。

141. 玉圆雕兽面纹活环盖瓶

汉

18 × 10 × 3.5cm

黄玉质。玉质温润，整体受沁，局部呈黑煤点沁色。上盖为浅浮雕勾连云纹，镂雕凹形齿，圆雕圆柱为盖钮；瓶体琢双夔龙和兽面纹，两侧镂雕活环双耳，镂雕出脊扇棱纹，长方矮圈足，上端阴刻焦叶纹。此瓶玉质优良，存世极少，有十分重要的考古研究和文物鉴赏及收藏价值。

142. 玉圆雕兽面纹双耳活环盖瓶

汉

22×10×5cm

青玉质。玉质温润，整体受朱砂沁色，由深渐浅，过渡有序，层次分明。上盖浅浮雕勾连卷云纹，两边琢凹形齿牙，圆雕如意状钮；瓶体浅浮雕兽面纹和夔龙纹并镂雕双螭龙活环双耳，圈足。整体工艺精美，琢工精湛。

143. 玉圆雕双螭耳盖瓶

汉

19.3×9.3×4.8cm

青黄玉质。玉质温润，整器受土沁，局部土蚀痕迹明显，朱砂沁色沉重，由深渐浅，过渡有序，层次分明。上盖浅浮雕勾连云纹和两边琢凹形齿牙，圆雕乳头状如意顶为钮，子母口，上下沿口琢阴刻斜条纹；瓶体琢浅浮雕兽面纹和夔龙纹。瓶上口两侧镂雕螭虎龙双耳，圈足。此瓶整体沁色艳丽，琢工精美，构思巧妙。

144. 玉圆雕兽面纹盖瓶

汉

20×10.5×4.5cm

黄玉质。玉质温润，整器受朱砂色沁，浸蚀后局部已钙化，土蚀痕迹明显。上盖琢浅浮雕勾连云纹和圆雕螭龙为钮；瓶体浅浮雕兽面纹和夔龙纹，瓶上部两侧镂雕双象首作双耳，圈足。此瓶沁色艳丽，琢工精美，有十分重要的考古研究和文物鉴赏及收藏价值。

145. 玉圆雕龙凤纹双耳盖瓶

汉

21×15×4cm

青玉质。玉质温润，整体受朱砂色沁，局部浸蚀严重，痕迹明显。上盖琢浅浮雕勾连云纹，两边琢凹形齿牙，顶部圆雕乳头钮；瓶体浅浮雕兽面纹和对应双夔龙纹。瓶体上端两侧镂雕双螭首活环耳，瓶下部一侧圆雕凤鸟负瓶。整体造型独特，琢工精湛。

146. 玉圆雕双联盖瓶

汉

14.3×12×3.5cm

青玉质。玉质温润，整体受土蚀，全器呈古铜色沁。上盖圆雕扇形齿纹和高浮雕磨菇状双耳，阴刻兽面纹为盖钮；瓶体中间双圆管状琢雕对应夔龙纹，两管由一块玉透雕而成，一侧琢雕凤鸟，足立地，羽翅上卷，另一侧琢圆雕乐人骑座在另一凤鸟上部的羽翅上。此盖瓶设计奇绝，琢工精湛，沁色特别，存世极稀罕。

147. 玉圆雕龙首双联瓶

汉

17×13.5×4.5cm

白玉质。玉质温润，整体受土沁，浸入玉理。上盖为圆雕螭龙钮，上、下子母口边缘饰阴刻交叉网纹；瓶体一侧琢螭龙首，另一侧镂雕螭龙穿心纹，浅浮雕夔龙穿装饰。此瓶造型奇绝，工艺精美，琢工精细。

148. 玉圆雕龙凤纹盖瓶

汉

17 × 15.5 × 4cm

白玉质。玉质温润，整体受土沁。上盖琢圆雕螭龙纹盖钮；瓶体浅浮雕双夔龙纹，瓶身一侧琢爬行螭龙，螭首回身，另一侧琢凤鸟，羽翅上卷。此瓶造型奇特，琢工精细。

149. 圆雕玉龟负瓶

汉

18.5×10.5×4.5cm

白玉质。玉质温润，整器受土沁。此瓶为上、中、下三层纹饰：上部为阴刻勾连云纹及圆雕回头螭龙纹钮；中部琢浅浮雕夔龙纹，两侧镂雕出脊扇棱纹；下部琢玉龟负瓶，龟身琢浅浮雕夔龙纹，龟尾上翘向外卷曲，龟首紧贴盖瓶下端。此瓶设计奇绝，存世可贵，有十分重要的考古研究和文物鉴赏及收藏价值。

150. 圆雕玉象负瓶

汉

26×12×5cm

白玉质。玉质温润，整体受土沁。此瓶分三个层次纹饰：上部琢浮雕螭龙及勾连云纹为盖钮；中部琢浮雕夔龙，两侧镂雕双螭龙为双耳；下部圆雕玉象负瓶，象身琢浮雕夔龙纹，象鼻上翘紧贴瓶腰部，四足。此瓶构思巧妙，形制特别。

151. 玉圆雕龙纹盖瓶（一对）

汉

21.5×11×4.5cm

白玉质。玉质温润，整体受土沁。此瓶分上、中、下三层纹饰琢工，上层琢圆雕天鸟作瓶钮；中层琢浅浮雕夔龙纹，两侧镂雕爬行式螭龙为双耳；下层为镂雕相背而立的双凤鸟负瓶。两凤鸟中间琢浅浮雕兽面纹。此瓶为一对，存世可贵。

152. 玉圆雕莲盖龙纹双耳活环壶

汉

21×15.5×12cm

白玉质。玉质温润，整体受石灰沁，沁色厚重。此壶上部琢镂雕莲花纹为壶盖顶，琢子母扣合拢；瓶体分三层面琢工，上层为浅浮雕如意纹，中层鼓腹部位琢螭龙纹，两侧镂雕活环双耳，下层浅浮雕双凤鸟纹，矮圈足。此壶系仿商周时期青铜器的造型及纹饰，用玉琢此壶，存世极少。

153. 玉圆雕四足壶

汉

18×14×10cm

白玉质，玉质温润，整体受石灰沁。椭圆形壶盖，盖面上琢浅浮雕饕餮纹，四面琢出脊扇棱纹，盖钮为圆雕斜方体，子母口；瓶体琢雕相背而立，布满鸟翅的两鸷鸟，翅上端浅浮雕琢出对称凤鸟纹，壶中及壶两侧中间琢四条出脊扇棱纹。四足粗健有力，分趾足。此壶系仿商周时期青铜壶的造型及纹饰，用玉琢此壶，存世极罕。

154. 玉圆雕龙纹尊

汉

23 × 12.6 × 4cm

黄玉质。玉质温润，具较强的油脂光感和玻璃光泽，整体受朱砂沁色，由深渐浅。此尊盖部琢圆雕螭龙钮；尊身圆雕犀牛状兽，卧地静候，尖嘴，圆雕尖状角，滴水眼，打孔立耳，全身浅浮雕螭龙纹，卷尾，四足。此尊玉质优等，沁色艳丽，存世稀罕，乃至孤品。

155.玉圆雕龙首尊

汉

23×15×4cm

白玉质。玉质温润，整器受土沁。此尊分上、下二层纹饰琢工；上层琢镂雕螭龙作盖钮；下层圆雕四足，龙尾上卷，周身琢浅浮雕夔龙纹，龙首抬头，张嘴露齿，立耳。此尊美观大方，工艺精湛。

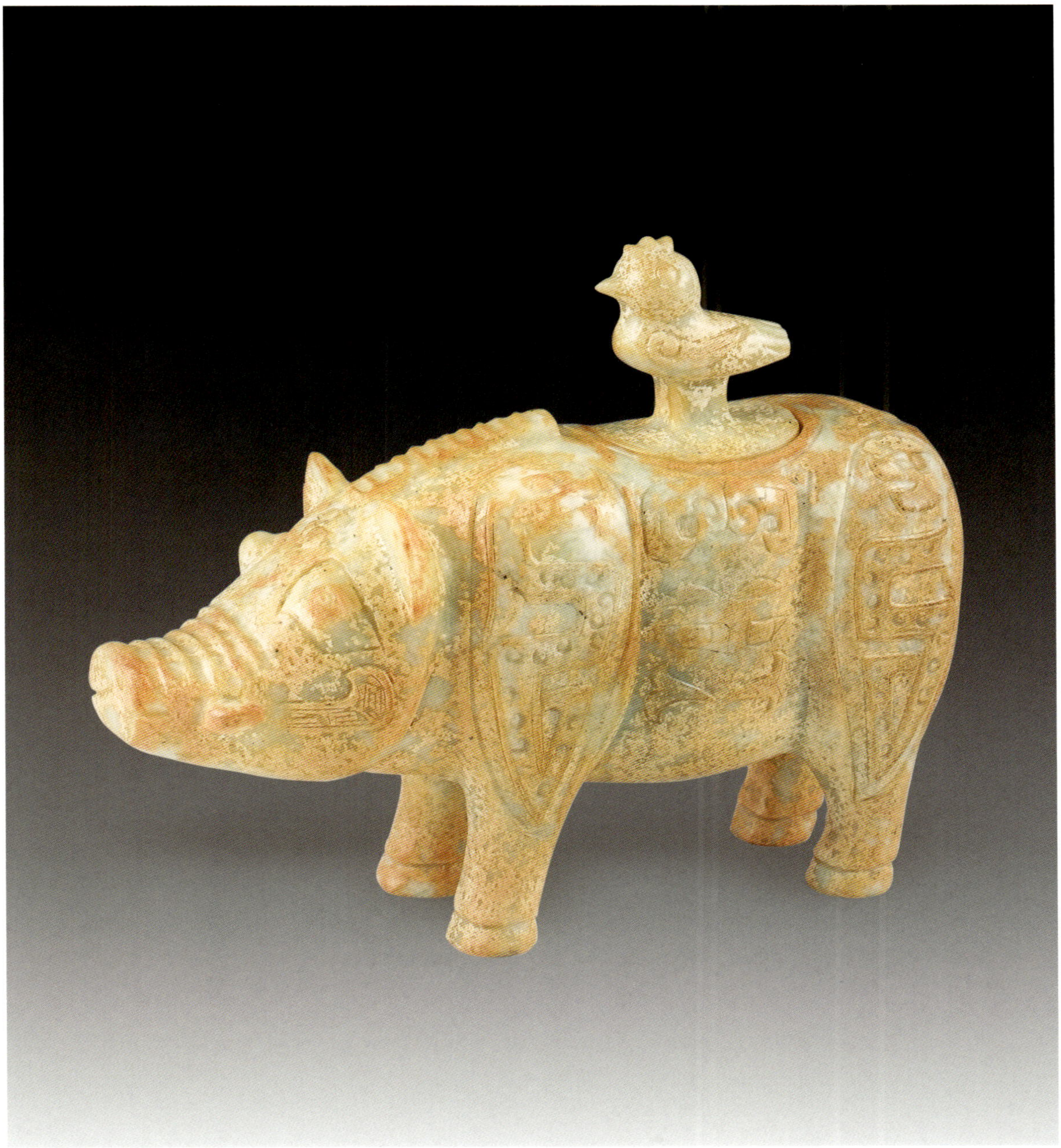

156. 圆雕玉猪形尊

汉

23.5×16×7.5cm

白玉质。玉质温润，整体受土沁，局部呈浅红褐色沁，此尊圆雕天鸟立件为尊钮。整器为圆雕肥猪形状，猪鼻上琢出六道褶，竖耳、獠牙，变形臣字眼，浅浮雕减地琢出突眼，琢高浮雕齿鬃，四足腿部琢浅浮雕龙纹，中间琢变形兽面纹，凸脊尾。此尊琢工精湛，造型美观，玉质优良，工艺奇巧，存世极罕，有十分重要的考古研究和文物鉴赏及收藏价值，存世可贵。

157. 玉圆雕龙纹尊

汉

23.5×18.5×8cm

白玉质。玉质温润，整体呈石灰沁色。尊盖以圆雕玉天狗为钮，座落在浮雕双凤鸟纹的斜圆形盖上；下部尊体为圆雕玉狗，圆弧形额头，水滴眼、圆鼻、露牙，直立高浮雕蘑菇形双耳，颈部琢有凸脊扇棱纹。琢浅浮雕羽翅纹、蕉叶纹、旋涡纹，玉狗尾部上端立雕蹲立式玉人，琢浅浮雕阴刻五官，端正大方。四足。此尊工艺复杂，琢工精湛。

158. 玉圆雕饕餮纹双螭耳活环尊

汉

20×10.5×5cm

白玉质。玉质温润，整体受土沁。此尊尊盖为圆雕螭龙纹钮；尊身为镂雕螭龙活环双耳，浮雕饕餮纹，阴刻兽面纹及龙凤纹，下部两侧琢圆雕双螭龙爬行在此尊宽腹部。矮圈足。此尊造型奇绝，工艺精美。

159. 玉圆雕兽面纹子母尊

汉

16×14×5cm

白玉质。玉质温润，油脂及玻璃光泽较显著，整体受朱砂色沁，由深渐浅，层次分明。尊盖以圆雕行走式兽为钮；尊身圆雕牛形为主体，圆眼、立耳，两角下垂内卷，头顶镂雕活环。身琢浅浮雕兽面纹，阴刻卷云纹，尾下飘，四足。此尊玉质优等，琢工精湛。

160. 玉圆雕龙凤尊

汉

20×10.5×5cm

青玉质。玉质温润，整体受红褐色沁，由深渐入浅，过渡有序，层次分明。此尊分上、下两部分组成：上部琢圆雕凤鸟为钮；下部琢浅浮雕凤鸟，羽翅上翻内卷，琢阴刻夔龙纹、卷云纹，两侧琢雕一螭龙和一凤鸟。此尊琢工精湛，沁色艳丽。

161. 玉圆雕龙凤纹觥

汉

19×19×5cm

黄玉质。玉质温润，整器受朱砂所沁，透光处见黄玉质地。此觥主体为圆雕螭龙首，凤鸟身负觥，凤鸟卷翅，足齐全。觥身琢浅浮雕夔龙纹，觥口呈波浪形。整器线条流畅。此觥玉质优良，沁色艳丽，此类全沁玉器件存世很罕见。

162.玉圆雕龙纹觥

汉

28×13.5×4cm

黄玉质。玉质温润，玻璃光泽及包浆厚重，整体受朱砂色沁，由深渐浅，过渡有序，层次分明。此觥琢圆雕独角螭龙负觥体造型，螭龙颈部负小觥体，觥的上口呈波浪形，口沿琢阴刻回纹。觥口内卷，下沿镂雕螭龙首和活环，觥身琢浅浮雕夔龙纹布满整器，象征龙生九子图案纹饰。此觥为上等黄玉琢出，材质极为珍贵，琢工精湛。

163. 玉圆雕兽面纹觥

汉

17×16×8cm

白玉质。玉质温润，整体受石灰所沁。上部为高浮雕兽背负盖，琢鱼头形嘴，卷云纹鼻，直立高浮雕蘑菇状双耳，背部浅浮雕兽面纹，琢凸脊扇棱状纹；下部为长方形体座，中间镂空，长的侧面两侧浅浮雕兽面纹，宽的一面琢兽面纹，另一侧阴刻细条纹向外弯曲微卷，中间琢凸扇棱纹。此觥工艺复杂，琢工精湛，有十分重要的考古研究和文物鉴赏及收藏价值，存世可贵。

164. 玉圆雕双螭耳活环罍

汉

24×15×7.5cm

白玉质。玉质温润，整体受石灰沁。斜方形罍盖，四面浅浮雕蕉叶纹并琢出四面八条凸脊，并圆雕斜方体素面钮；罍身琢工分四层纹饰，上层为阴刻夔龙纹，四面琢八条凸脊，二层浮雕兽面纹，两侧镂雕双螭龙活环双耳，三层浮雕龙凤纹并在四面琢出凸脊，底层为阴刻蕉叶纹并琢凸脊装饰，矮方圈足。此罍造型和纹饰仿商周青铜罍。

165. 玉圆雕龙凤纹方豆

汉

19×10×9.5cm

白玉质。玉质温润，整体受土沁。豆盖为四方形体，垂直面浮雕凤鸟纹，斜面浮雕夔龙纹并圆雕圆柱形钮；器身为垂直面浮雕兽面纹，斜面浮雕凤鸟纹。高足浮雕蕉叶纹和凤鸟纹。此方豆琢工精美，具十分重要的考古研究和文物鉴赏及收藏价值。

166. 玉圆雕双耳三足炉

汉

20×13cm

白玉质。玉质温润，整体受土沁，局部呈红褐色沁。炉盖为镂雕活环钮，炉身琢阴刻如意纹、网格纹及蕉叶纹，镂雕半月形双耳、三足阴刻兽面纹。此炉造型特别，琢工精细，汉代玉制三足炉，存世极稀罕。

167. 玉圆雕兽面纹四足鼎

汉

17×13×10cm

白玉质。玉质纯净，缜密温润，光泽幽亮，整体受石灰沁。此鼎器体断面呈圆角长方体，垂腹。分上、下二层构成：上部琢浅浮雕四组变形兽面纹，顶面阴刻卷云纹；下部分琢浅浮雕凤鸟纹、兽面纹。琢圆柱四高足，镂雕半月形双耳。此鼎纹饰精美，琢工精细。

168. 玉镂雕双龙首钺

汉

8.5×7.5×0.4cm

白玉质。玉质温润，整体受沁，局部浸蚀后呈灰皮，沁色复杂，表面包浆厚实，透光处可见白玉质地。钺在古代是权力的象征，此钺镂雕爬行螭龙首，钺身琢浅浮雕兽面纹。琢工一流，存世稀罕。

169. 玉镂雕龙纹钺

汉

12×6×0.5cm

白玉质。玉质温润，整体受沁，受浸蚀表面呈灰白色，并浸入玉理。此钺除斜面刃部外，均在钺的其余三面边沿镂雕螭龙。钺刃斜型，锋利，造型奇特，玉质优良，沁色艳丽，琢工精湛。

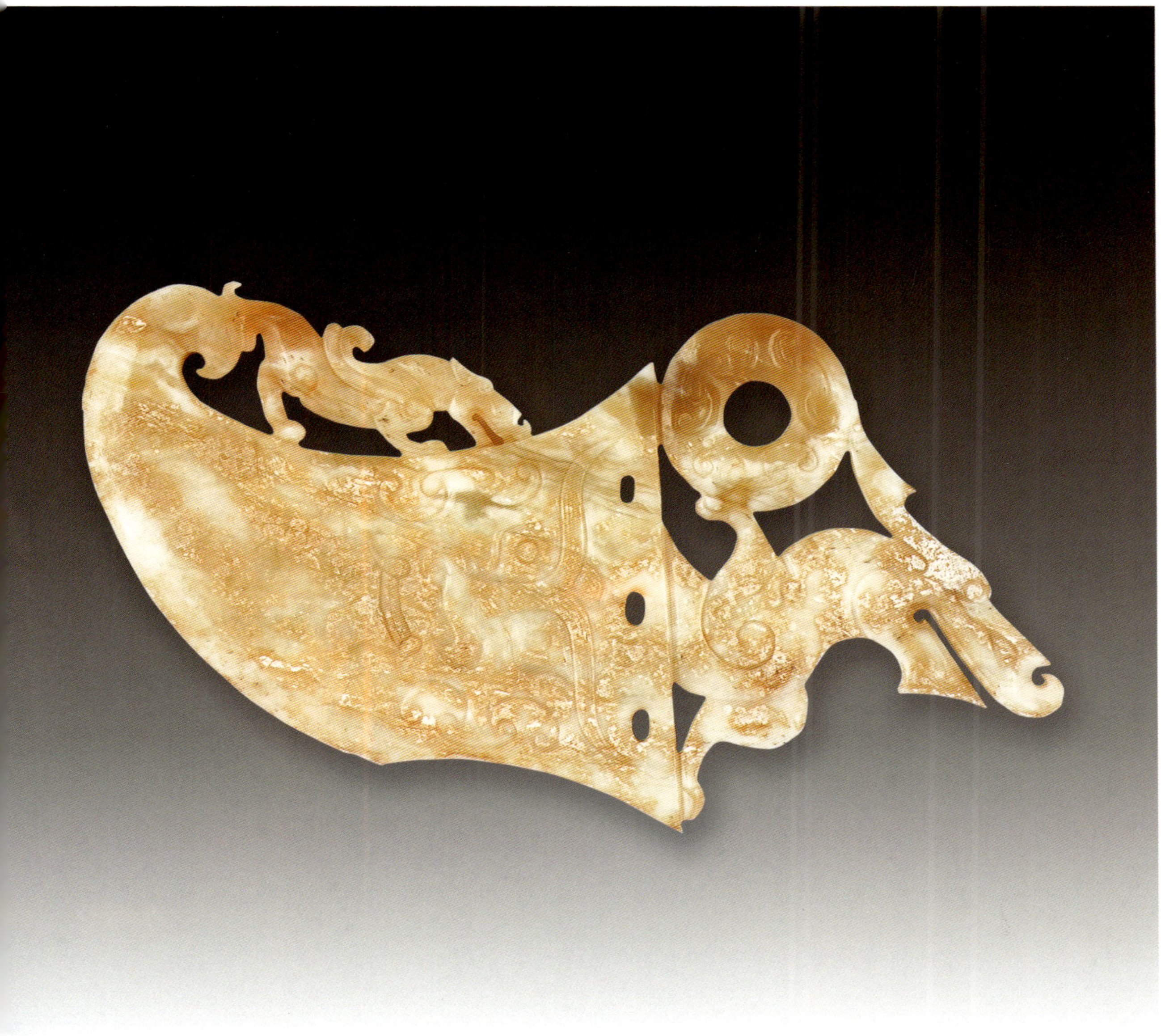

170. 玉镂雕兽面纹钺

汉

20×15×0.5cm

白玉质。玉质温润，整体受土沁，局部浸蚀呈灰白色。此钺造型作扁平体，上端琢雕螭龙，阴刻卷云纹的小圆璧与龙鬃，龙爪相连接，钺身浮雕兽面纹，中间透雕三个平行椭圆形孔，以供与木柄捆结加固用，钺刃斜型，锋利，上卷，尖端处镂雕爬行螭龙。此钺造型奇特，琢工精美。

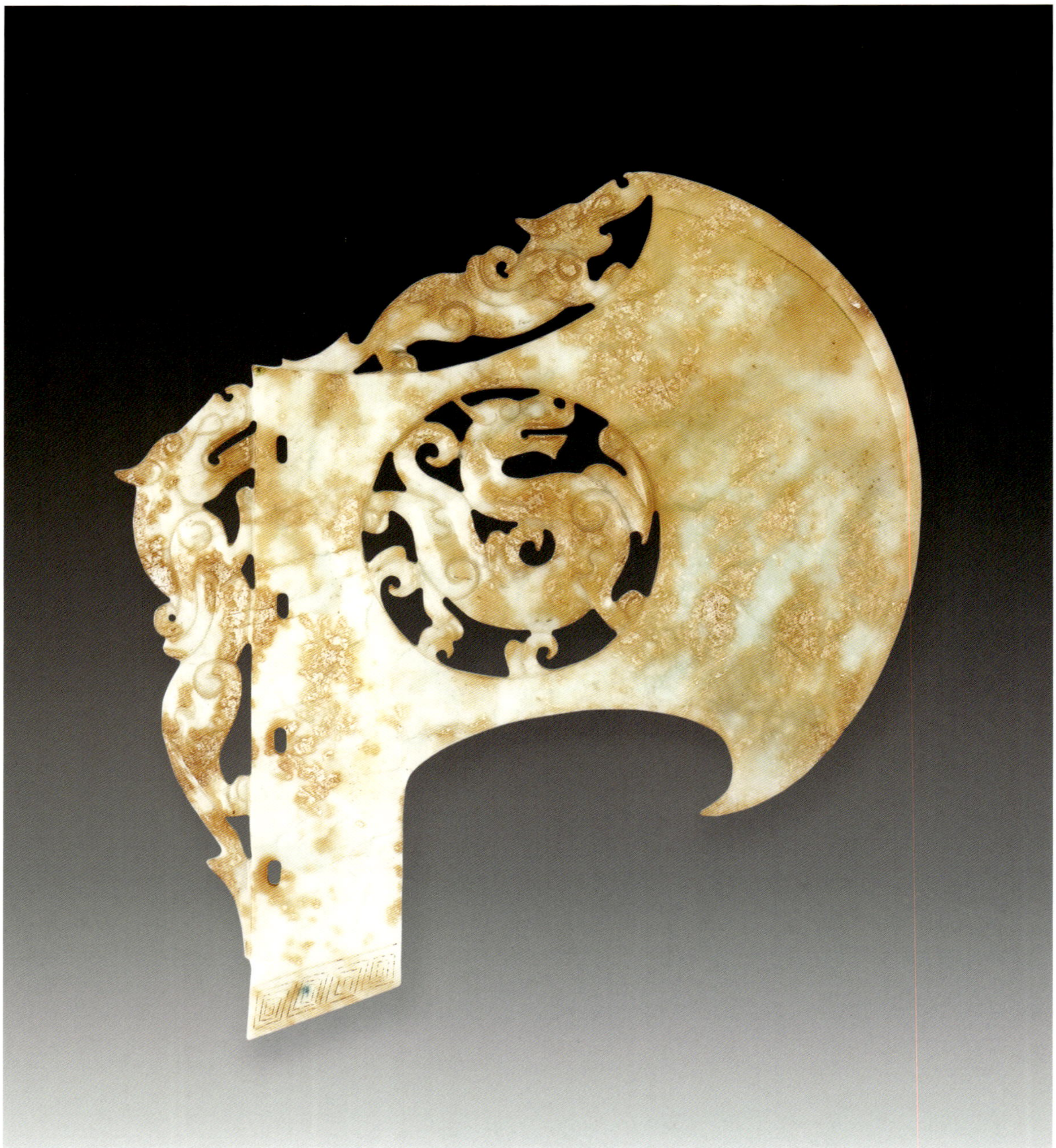

171. 玉镂雕三螭龙钺

汉

26×13×0.5cm

白玉质。玉质温润，整体受土沁，局部浸蚀已钙化，土蚀痕迹明显，此钺为扁平体造型。琢雕二爬行螭龙，分别在钺柄部和上端，钺身中央镂雕体态弯曲流畅，充满动感的游龙。柄部钻四个椭圆孔，以供与木柄捆结加固用。此钺造型奇特，存世极罕，具十分重要的考古研究、文物鉴赏和收藏价值。

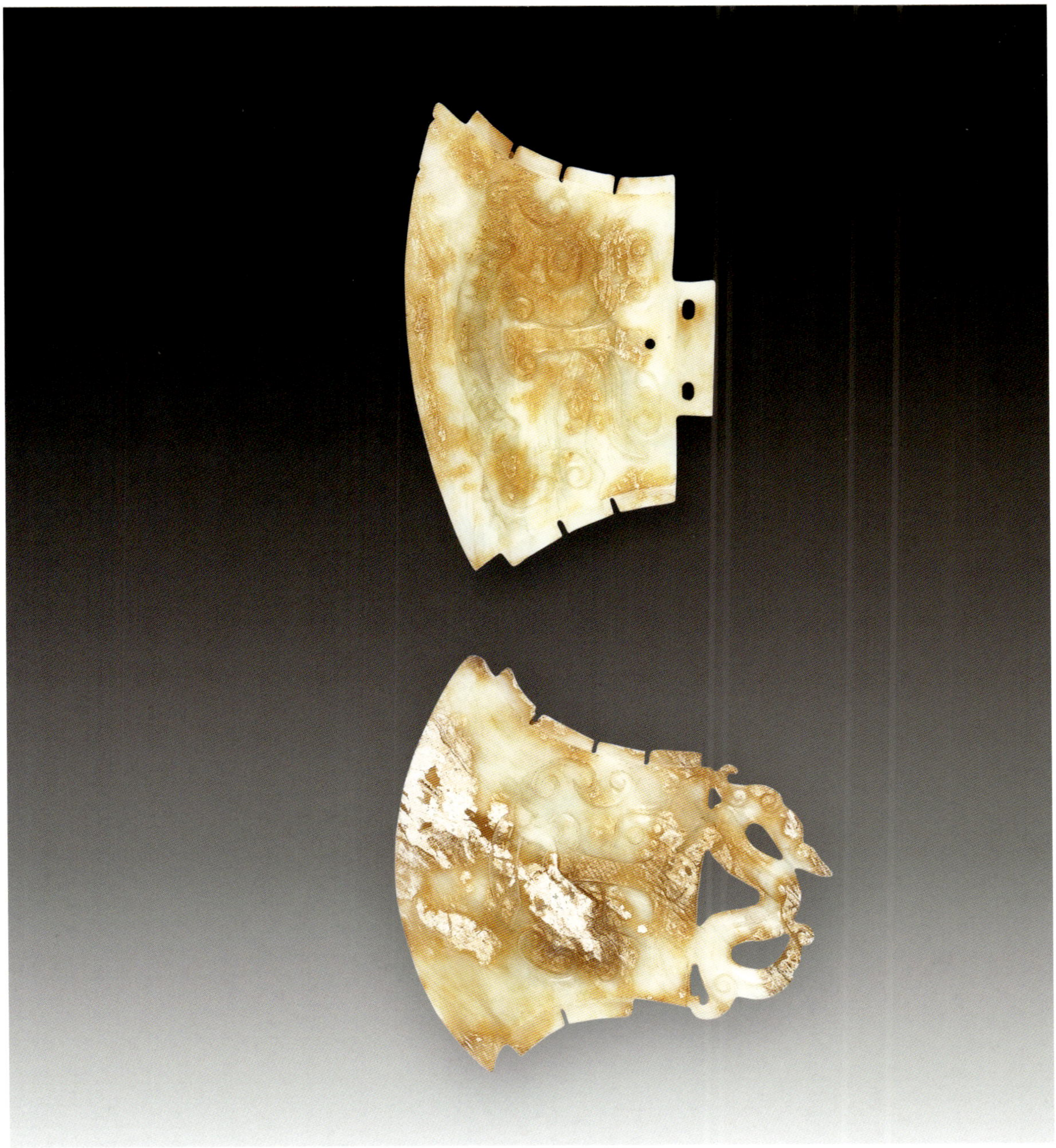

172. 玉镂雕钺（组件二件）

汉

9.5×6.3×0.5cm 9×8.5×0.5cm

白玉质。玉质温润，整体受土沁，局部呈褐色沁，经浸蚀局部土蚀痕迹明显，见虫蛀斑点。此钺身琢浅浮雕兽面纹，钺刃呈半月形状，钺刃锋利，抚之扎手。此钺两边琢刻扇牙形装饰，一钺上端镂雕螭龙纹，另一钺上端钻琢二小方孔，用来扎捆木柄之用。此钺整体琢工完美。

173. 镂雕龙凤纹玉戈

汉

27.5×10×0.6cm

青玉质。玉质温润，整体受土沁。玉戈是古代兵仪器之一，此玉戈在内后处琢雕凤鸟，尖喙内勾、羽翅上卷。凤鸟上端镂雕螭龙，尾分岔内卷，两爪分别踏在凤鸟嘴和羽翅上，在援处镂雕的行龙两爪踏在螭龙首及龙鬃上，行龙尾部与后端镂雕的凤鸟相交接，构成螭与凤、行龙与凤鸟之间既交叉又相背的精美绝伦图案。此戈琢工精细，构思新颖，为集礼仪与装饰用途一身的汉玉器精品。

174. 镂雕龙凤纹玉戈

汉

17.5×11×0.5cm

黄玉质。玉质温润，整体受红褐色沁。器呈扁长形，锋部呈三角形，尖端锐利，援二边磨刃，下刃内侧在胡处镂雕凤鸟，栏处浅浮雕蟠螭纹。戈内后端镂雕螭龙，援中部起脊，内后处上刃部位有三圆孔，两面有平行等距离的凸弦纹六道、凹弦纹五道。此戈在汉代玉器中极罕见。

175.玉镂雕龙凤纹刀

汉

14×6.5×0.5cm

青玉质。局部呈朱砂色沁，渗入玉理，由深渐浅，层次分明。此刀形器为佩饰，刀背一侧琢刻扇牙形装饰，刀柄处琢一镂雕双龙紧抱圆璧，圆璧周身琢阴刻卷云纹，刀面琢浅浮雕夔龙纹。此刀琢工精美，工艺奇绝。

176. 浮雕龙凤衔璧玉铺首

汉

14.6×6.8×1.3

白玉质。玉质温润，局部沁色红润，脂状光泽极好，沁色鲜艳深沉，渗入玉理。此铺首造型奇特，工艺精湛。顶部为镂雕螭龙首，高浮雕双凤纹，下为浅浮雕勾连谷纹出廓璧，边棱陡立，上下部采用镂雕长方形活链套环连接，鬼斧神工，堪称瑰宝，存世极罕见。

177. 圆雕玉辟邪

汉

12.5×4×3cm

青玉质。玉质温润，整体受土沁，局部呈朱砂色沁，沁色厚重，油脂及玻璃光泽感明显。整体为圆雕件，前部琢螭龙首，凤鸟翅，浅浮雕羽翅上卷，周身琢阴刻卷云纹，尾部镂雕爬行式螭龙，龙尾上卷和母螭上翘内卷尾相连接，四足分趾。

178. 圆雕玉辟邪

汉

16.5×10×4.5cm

青玉质。玉质温润，整体受沁，局部呈赭色沁。此辟邪镂雕螭龙首，张嘴露齿，尖锐状独角向外伸展，龙鬃向后卷曲向上与琢圆雕的螭虎龙首成一体，连接尾部圆雕凤鸟，龙尾向上卷曲，四足。

179. 圆雕兽面纹玉鼓

汉

19.5×14×10cm

白玉质。玉质温润，整器受土沁，局部呈浅红褐色沁。此鼓分上、中、下三层纹饰组合，上部浅浮雕兽面纹作玉鼓盖。中部鼓身琢浅浮雕凤鸟纹和兽面纹，鼓两侧琢浅浮雕鼓钉纹二粒并绕一周，象征蒙皮用钉，鼓两侧圆立侧面琢兽面纹。下部为方形足并琢浅浮雕兽面纹。此鼓仿商周青铜鼓的造型及纹饰而来，用玉琢此鼓，相当罕见，应属孤品。

180. 圆雕玉跪人

汉

8.5×4.5×4.3cm

青玉质。玉质温润，整体受土沁，局部呈黄褐色沁。整器为圆雕件，琢浮雕弦纹状发型，额前发梢平齐，国字脸，眉眶，浮而眼圆。阴刻琢十颗牙齿外露，双手抚膝，五指并拢，双脚呈跪姿。此跪人玉质优良，光滑圆润，琢工精细。

后 记

在上海市收藏协会、上海市嘉定区收藏协会和上海中福古玩城领导、专家的共同关心、精心策划、积极筹办与支持下，在上海古玩界“三剑客”之一徐国喜先生为特邀编审的指导下，《古玉珍赏》一书成功出版了，同名展览也将举行。相信在展览期间，各界古玉收藏爱好者将以玉会友、交友和识友，以德品玉、赏玉和论玉，弘扬中华文化的内涵，提高对古玉的鉴赏水平。借此机会，谈点自己对古玉器收藏的体会：

近些年来，喜欢收藏古玉的队伍日益扩大，古玉的真品和珍品在市场上所见所闻却日趋减少，而高仿、精仿的古玉侵入市场愈演愈烈，使得许多古玉爱好者在收藏和识别古玉真伪上存在各种误区，对市场出现的古玉难辨真假。由于市场混乱，使得不少古玉收藏者成为一些商贩、摊主的直接受害者。当今全国古玩市场蓬勃发展，一些造假、制假的不法商贩有机可乘，都不约而同地涌入。可想而知，古玉乃地下之宝，有多少真品在等你收？有多少“漏”在待你捡？有多少便宜让你挑？你想到商贩手里捡皮夹子，那么你永远是商贩眼中的“活靶子”。收藏领域中有多少往事需要大家回味，有多少好事你是“奉献者”，而绝不是“受益者”。古玉总体上虽量广、物多，但绝大多数都靠出土才能浮出地面。而国家严打盗墓是人人皆知的事实。在“民国”和“文革”时期，国家危难，政府“失控”，流失了大量的地下珍宝，有不知其数的古玉散藏在民间藏家手中，包括海外。经过几代人的传承，又有相当一部分古玉已经移居他乡，正验证了“古玩古玩大家玩，一代收，二代守，三代不是偷就想兜”，真所谓传不过“三代”。

随着我国经济的快速发展，人民的居住条件不断改善和对精神财富的追求，传统古文化的影响力也在不断发生变化。当你面对宽畅的客厅、书房，能安置些古色古香的古玩精品，展现在自己眼前，对于一个收藏爱好者来讲，此时此刻的心情是无比喜悦和舒畅的。能享受到这类精神文化食粮，正是尽享人生之乐，又是一种欣慰和自豪，还能让亲朋好友来家做客时共同分享所见所闻，提升收藏者的文化底蕴，这正是收藏者成功之骄傲，乐趣无穷。

近年来，每当周六下午我在上海中福古玩城参与徐国喜先生主持的古玩专家对外咨询鉴定时，经常会碰到或看到一些初学收藏的爱好者，在鉴定前后的心情变化、心态转变。来者请专家确诊，总想取得收获，总认为自己看过许多古玩书籍，上手摸过许多古董杂件，并下过一番功夫，便想尝试着有所收获，但仍有许多古玩爱好者未能获得成果。实践证明，你想在地摊市场上，非正规渠道上花几百元、几千元人民币捡到一件高出市场价几十倍甚至几百倍的宝贝，真是大海捞针，少则又少。因此，我们就要提高辩识真伪的能力，要保持头脑冷静，警钟长鸣，养成不轻易出手的防范意识。一旦入门，就得谦虚谨慎，勤找同行切磋，多请专家确诊，才能获得具备“双保险”的真品。我们这次展览的古玉器，并非藏家们一日之寒所淘得，而是这些藏家花费了几十年的辛勤努力而逐步取得的。在所展藏品中，对古玉的断代、纹饰和沁色上的认识和看法，还不完全统一，只能凭自己多年的研究和认识斗胆去跟历史对话，去欣赏、了解和认识他们。能展示的藏品和体现的观点，在古老的玉器史的长河里，实在是微不足道。因学识有限，错误、谬语、疏漏之处在所难免，诚请大家指正解惑。这段感言，是本人作为一个收藏爱好者对古玉收藏的点滴体会，也是肺腑之言，希望抛砖引玉，与广大收藏界的朋友共勉。

最后要感谢上海市收藏协会、上海市嘉定区收藏协会和上海中福古玩城的领导以及有关专家对这次“古玉珍赏”展的关心支持，同时要感谢各位古玉爱好者、收藏家提供珍贵的个人藏品，使这次“古玉珍赏”展览顺利圆满举办。

陶忠明

2010 年 7 月

图书在版编目（CIP）数据
古玉珍赏 / 陶忠明主编. -- 上海 ：上海古籍出版社，2010.9
ISBN 978-7-5325-5652-6

Ⅰ. ①古… Ⅱ. ①陶… Ⅲ. ①古玉器－鉴赏－中国Ⅳ. ①K876.8
中国版本图书馆CIP数据核字(2010)第137491号

责任编辑：吴旭民　孙　晖
数码摄影：熊　洋
装帧设计：吴均卿
技术编辑：王建中

古 玉 珍 赏
陶忠明　主编
上海世纪出版股份有限公司
上　海　古　籍　出　版　社　出版
（上海瑞金二路272号　邮政编码 200020）
(1) 网　　址：www.guji.com.cn
(2) E-mail：guji1@guji.com.cn
(3) 易文网址：www.ewen.cc

上海世纪出版股份有限公司发行中心发行经销
上海界龙艺术印刷有限公司印刷
开本 889×1194　1/16　印张 13.25
2010年9月第1版　2010年9月第1次印刷
印数：1-1,500
ISBN 978-7-5325-5652-6/K.1309
定价：180.00元
如发生质量问题，请与承印公司联系